JN044518

# 学校の枠をはずした

東京大学「異才発掘プロジェクト」の実験、
凸凹な子どもたちへの50のミッション

東京大学先端科学技術研究センター　中邑研究室・編

# はじめに――「ROCKET」という挑戦

異才発掘プロジェクトROCKETがスタートする前、東京大学先端科学技術研究センター（東大先端研）の研究室では学習の苦手な子どもの支援研究を行っていた。理解力はあるのに読み書きが苦手でテスト評価が低い子ども、多動で授業中じっとしていられない子ども、コミュニケーションが苦手で先生や友だちとトラブルばかりの子ども、いずれのタイプも彼らが悪いわけではないのに、集団と同じことができないという理由で強く指導され、傷ついていた。同時に、その多くが不登校や家庭内暴力などに結びついていた。

彼らとゆっくり話してみると、とてもユニークな才能があった。そのなかの一人のNくんは、いじめがトラウマになり、そのフラッシュバックから激しい自傷に走る子であった。コミュニケーションが苦手で書くことも苦手だが、音楽を愛し必死に小説を書いて自費出版までしていた。Mくんも書くのが苦手。それを努力で克服しようとしたが、学習の遅れに強いコンプレックスを抱いていた。ひきこもりのストレスから家族に暴力をふるうことが頻繁であったが、ネット社会の仕組みに関する知識は専門家並みだった。すでに成人していたKさんは「俺は天才数学者ラマヌジャンの再来だ」と言いながら、ノートに書きなぐった難解な数式を見せて必死に説明してくれた。多動な彼は態度を強く叱責されて自信を失い、頑張ってもできない自分を責め苦しんだという。精神障害を患い、進学をあきらめ、世界を放浪し、無職の生活を続けていた。「もっと数学のわかる人を紹介しろ」「俺も大学に行けたら」と叫びながら暴れる彼が、ふと我に返り語った「俺たちのような大人をつくっちゃいけないよ」という言葉が忘れられない。彼らの叫びがROCKETの原点であることは間違いない。

当時、日本は、産業分野で中国や韓国に追いつかれ、イノベーションを起こす人材をどう育てるかが話題になっていた。硬直化した社会を動かしていくのは、空気を読まず、自分の信念に基づいて前に進んでいけるユニークな人であるに違いない。しかし残念ながら、日本社会は安定を乱すものを排除する。イノベーションを起こしにくくなるのは当然のことであった。そこで多様性を認め、ユニークな人をつぶさず育てる新しい教育システムが必要だと考えた。
　同時期に、私たちは千葉県にある農園で農業とＩＣＴを介した教育プログラムを行っていた。高齢者は土いじりは得意だがＩＣＴ機器が苦手、子どもはＩＣＴ機器に抵抗はないが土いじりは好きではない。この得意・不得意が違う子どもと高齢者をミックスしてプロジェクトを進めていた。多様な人間が集まるカオスのなかで、リアルな活動や人を介して学ぶ方法のおもしろさと可能性に気づきつつあった。
　そんなときに日本財団で今の社会課題についてお話しする機会があり、それが縁で日本財団の沢渡一登さんから一緒に社会を変えるような大きなプロジェクトをやらないかとお声がけいただいた。具体的には「エジソンのような天才を生み出すプロジェクトをやりませんか?」というオファーであったが、私自身は次のように考えていた。

・学校に行っている子どもには突き抜けた教育を行いにくい
・学校をつくれば法律の縛りで突き抜けた教育を行いにくい
・学校に行かない子どもには学校を飛び出した意思と学びへの想いがある
・学校に行かない子どもには目的も教科書も時間割もない自由な学びがある

・英才教育からは持続的イノベーションを生み出すことができるかもしれないが、
破壊的イノベーションはもっと自由な学びのなかからしか起きない

そこで生まれたのが異才発掘プロジェクトROCKETである。プロジェクトの部屋がある先端科学技術研究センターの1号館が、かつての東京帝国大学航空研究所であり日本の航空宇宙研究の発祥の地であったこと、また地球を飛び出すような推進力のある子どもを育てたいという想いから、「Room of Children with Kokorozashi and Extra-ordinary Talents（志と変な才能をもつ子どもたちの集まる場所）」と名づけ、始動した。

本書は、全国から集った総勢128名の変な子どもたちとの5年間の実験をまとめた1冊である。まずは、プログラムから選抜した50のミッション、各界のトッププランナーによる名語録を通して、試行錯誤の一端をご体験いただけたらと思う。

東京大学先端科学技術研究センター
異才発掘プロジェクトROCKETディレクター
中邑賢龍

# CONTENTS

居住者以外の
立ち入りは
お断りしています
居住者以外の
通り抜けお断りします

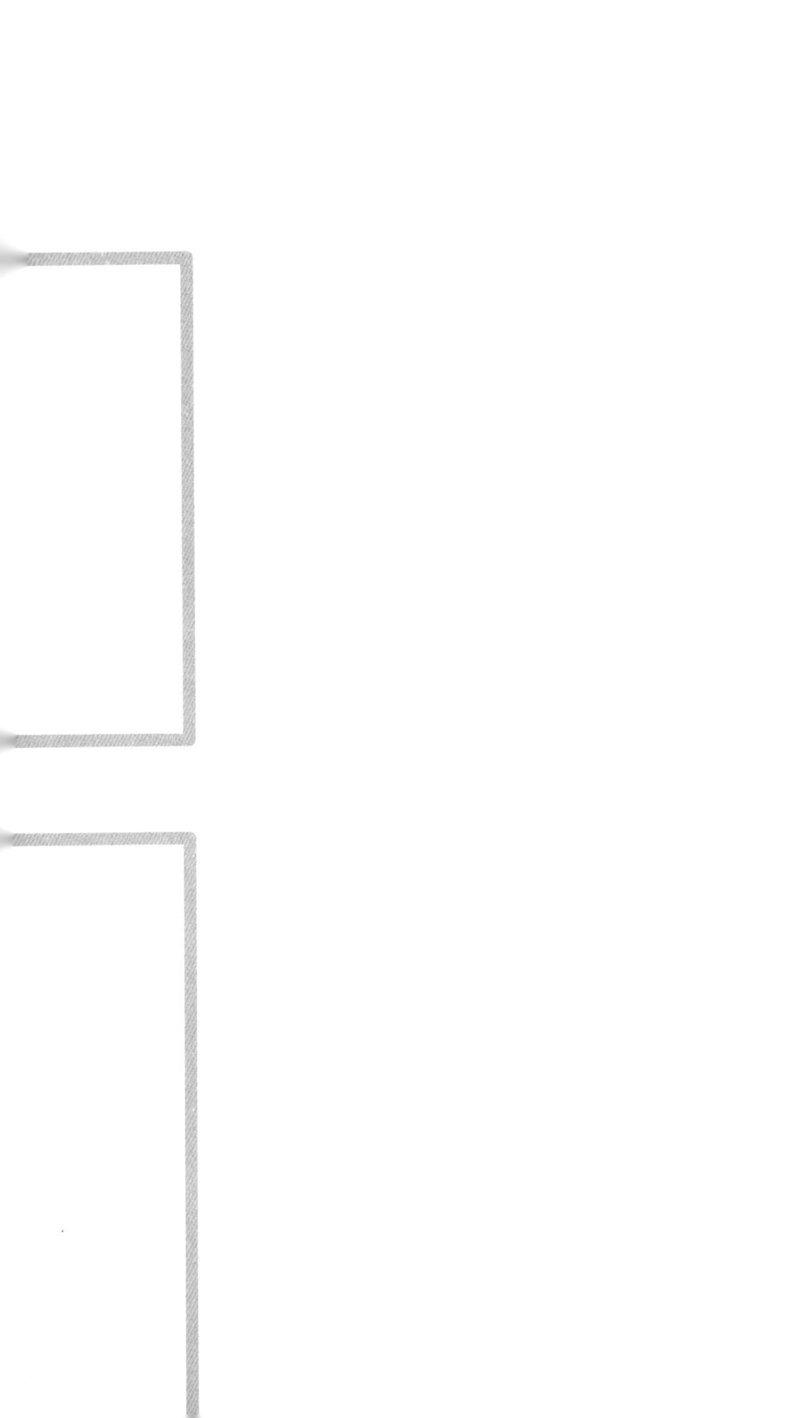

# 凸凹な子どもたちへの50のミッション

# 01

## イカの墨袋を破らずに取り出し、パエリアをつくれ！

「解剖して食す！」は、毎年初回に実施される名物ミッションの一つ。この日は、キッチンの調理台に、5種類のイカ（スルメイカ、ヤリイカ、コウイカ、ヒイカ、アカイカ）、はさみとピンセット、シャーレ、ふきんが並んでいる。子どもたちが取り組むのは、「イカの墨袋を破らずに取り出し、パエリアをつくること」と「彩りと形を考えて、一皿に美しく盛りつけること」だ。昼食にするため朝10時に開始。教科書はなく、つくり方も一切教えないのがROCKET流だ。イカの種類はもちろん、墨袋がどの部分で、どこが食べられ、どのように解体し、火を通せばいいのか、子どもたちは知らないことばかり。墨袋を破ってしまったショックで泣く子がいれば、解体した目玉の水晶体に興味を示しはじめる子も。悪戦苦闘の末、パエリアが完成したのは5時間後の午後3時。教科書なしでできあがったパエリアは、具の大きさ、色合いなどがそれぞれ違い、一皿一皿に個性が生まれていた。

「君はこの素材をどう調理するか？」より

02

# 氷で火を起こせ！

知識があっても、実際にできるとは限らない。レンズで太陽光を集めれば、火を起こせることは知っている。では、その知識を使って、氷点下20度の世界で、自然にあるものだけで火を起こしてみよう、というのが今回のミッションだ。舞台は、真冬の北海道・十勝にある牧場。レンズの代わりになりそうな氷はすぐに見つかった。だが、レンズにするには透明度が必要だ。牧場主の田中次郎さんが「馬の水桶にお湯をはると透明な氷ができる」とほのめかす。透明な氷は、ゆっくりと水を凍らせればできるということを知った子どもたち。そこで、かまくらをつくり、水を入れた皿や風船などを入れてみる。氷点下でも室内の温度を0度前後に保てる性質を応用したのだ。1日経つと、透明な氷ができた。さっそく太陽光を集め、火起こしに挑戦。だが、氷のレンズでは焦点がうまく合わせられず、一向に火は起こせない。3日間の滞在中に起こせたのは、煙までだった。3年続くこのミッションは、いまだ達成者がいない。

「氷で火を起こせ」より

# 03

## 100円で買えるオレンジジュースの秘密を探れ!

コンビニに行けば、当たり前のように目にする紙パックのオレンジジュース。だが、「なぜ100円で買えるの?」という素朴な質問に答えられるだろうか。まずは、自らの手で果汁100%のオレンジジュースをつくってみる。国内の農家から取り寄せられたいろんな種類のオレンジを一つずつ絞り器に力いっぱい押し当て、果汁を抽出する。機械絞りか手絞りか、どんな品種かによってコストはもちろん変わる。高級品種で手絞りしたジュースの価格を算出してみると、グラス1杯分でなんと1500円。自分たちの人件費まで含むと、もっと高い。では、一体どうしたら100円でオレンジジュースがつくれるのだろう。そんな疑問が浮かんだところで、背景を学ぶ。原料は海外から大型タンカーで大量に輸入されること、人件費の安いブラジルなどで大量生産されること、果汁は濃縮した液体や粉末にして運ぶこと……。学んでいくと、オレンジの球体から、世界が見えてくる。

「オレンジの球体から世界を見る」より

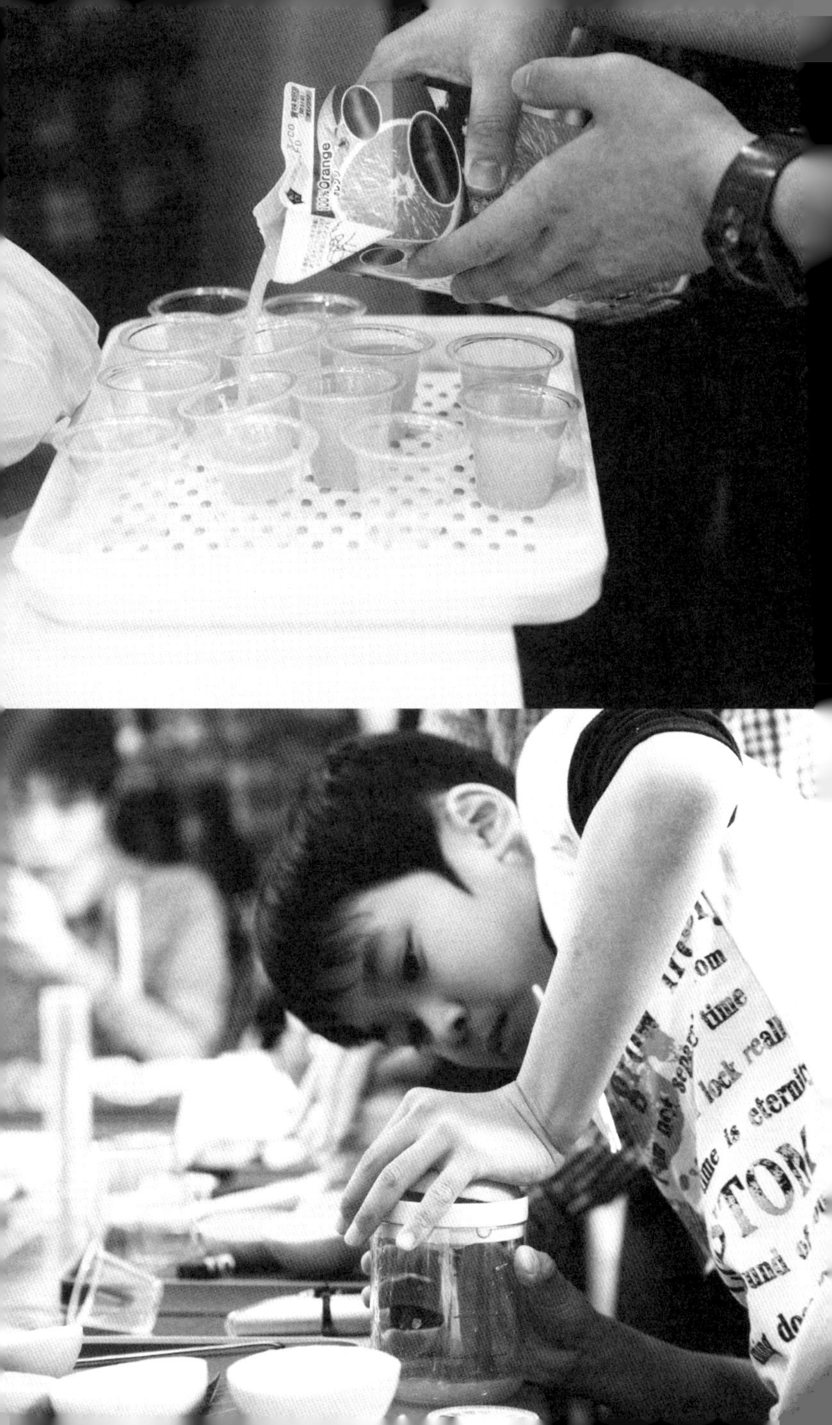
100% Orange

# 04

## ブラックボックスを解体せよ！

最近の電子機器は、解体しにくくなっている。かつての携帯電話には電池を取り出す蓋があったが、最近のスマートフォンの背面はつるつるだ。いまや安全安心を追求するのが常識の日本。開発者によると、顧客が修理に失敗した際の危険、クレームの問い合わせを未然に防ぐためだという。そんな〝ブラックボックス〟となってしまった機械をひらく、というのが今回のお題。子どもたちの前には、大きな白い模造紙と、掃除機やスピーカー、ラジオ、プロジェクターなどの壊れた電化製品が並ぶ。「さあ、今日は好きなだけ分解してみよう！」という声かけを合図に、子どもたちはドライバーでネジをはずし、ＩＣチップやトランジスター、コイルなどを次々に取り出し、模造紙の上に整然と並べていく。だが、ここからが難しい。解体するのは簡単だが、修理するために組み立てるとなると、段取りが必要になる。ブラックボックスは、そんな学びの機会も喪失させている。

「ブラックボックスを開こう」より

# 05

## 六本木ヒルズの高さを測れ！

最初に答えを明かせば、六本木ヒルズの高さは238m。それを実測するのが今回のミッションだ。以前、研究室のある校舎の高さを、消しゴムの落下速度から測定してみせた頭脳派の子どもたち。今回は「制限時間は、作戦会議を含めて3日間。現場での測定可能時間は2時間、50cmまでの誤差はOK」という厳しい条件が与えられた。巨大なビルを前に怯む子どもたち。しかし、しばらくして、作戦会議をはじめた。「階段の段数を測れたらわかるかも！」というアイデアが出て、ビル側に問い合わせてみると、「バックヤードの職員用階段なら計測してもよい」との返事。だが、制限時間はわずか2時間。一人で測れる規模ではない。初日は東大先端研に戻ってチーム分けを行い、翌日から実測に着手した。協働が苦手なROCKETの子どもたちだが、環境がそうさせたのか、「どこまで進んだ?」「上の階は頼む!」と、チームワークを発揮しはじめる。一段一段測った結果、誤差43・5cmでミッションをクリアした。

「ビルの高さを測れ」より

10階

35877m

10 ~ 50 cm

ふせん

10 ~ 9 はやて せいや

9 ~ 8 そーた 20分

8 ~ 7 そーた 10分

7 ~ 6 ゆうと 2-3-4 25

6 ~ 5 ゆうと

5 ~ 4 はじめ 13分 25

4 ~ 3 せーえん 15 25たん

3 ~ 2 たかひろ 15

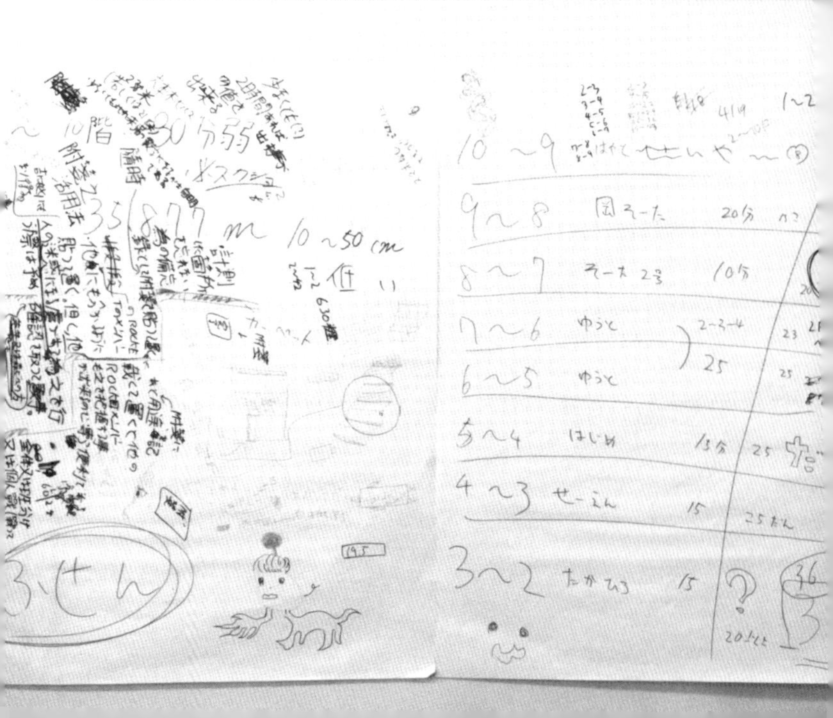

50のミッション

# 06

## 自分で自分のパンツを洗え！

ROCKETの面接で、ディレクターが子どもたちに必ず投げかける質問がある。それは「君は、パンツを洗っているか?」だ。唐突な質問に、子どもたちの多くは戸惑い、答えに詰まる。身のまわりのことを自分でしている子どもは、ほとんどいないのだ。ロケットを打ち上げるのが夢という中学生が面接に来たときも、ディレクターは問いかけた。「洗濯機が洗っています」と答えるその子に、「誰が洗濯機を使っているの?」と重ねて聞く。すると、「お母さんです」と子どもは答える。ディレクターは「君のお母さんは、すごいぞ。明日の天気がわかるはずだ」と語りはじめる。洗濯物を外に干すと、雨は降らないか、風が強くならないか、などと自然と天気を気にするようになる。それは、実はロケットの研究者に必須の天候を予測したり、常に関心をもつ力につながる。日常のなかにだって将来の夢へのつながりは見出せるのだ。だからディレクターはこう諭(さと)す。「夢のためには、自分でパンツを洗わないとな」

07

# 鈍行列車で最果ての地へ行け！

ROCKETには、旅のプログラムがある。そこでは、予期せぬことが起きるよう、あえて目的地不明のまま子どもたちが招集される。今回の旅も朝8時10分に東京駅に集まると、目的地が鹿児島県の枕崎とはじめて告げられた。九州の南の果て、JR最南端始発駅だ。旅のルールは、各駅停まりの鈍行列車で行くこと。1日の予算は1000円。6日以内に現地へたどり着くよう申し渡される。携帯電話、ゲーム、本、おやつなど暇つぶしになるものは没収。「先生、何をしたらいいんですか？」と聞く子どもがいるが、自分の時間の使い方を他人に聞くなど論外だ。

学校に塾と、親や教師にお膳立てされたスケジュールのなかで、日々慌ただしく過ごす子どもたち。ROCKETは、何もすることがないムダな時間に彼らを放り込む。

子どもたちは、山手線で品川へ向かい、熱海、静岡、浜松へと乗り継いでいく。乗車中は、寝ているか、窓の外を眺めているか。鈍行列車の旅は、とにかく長い。狭い車内でケンカをしたり、おしゃべりをしたり、新しい遊びを考えたり、子どもたちは時間の使い方を考えはじめた。9時間乗れば、京都に到着だ。

2日目は京都から姫路、岡山を経由して四国に入り、徳島の阿波池田へ。3日目は高知に入り、西端の宿毛へ。四国の土讃線は、特急は1時間に1本あるが、各駅停車は1日に2本のみ。各駅の隣同士のまちは、近いようで、実は遠い。4日目はそこからフェリーで大分へ向かう。旅の途中、乗り換えの待ち時間に公園で遊んでいると地元の子どもと友だちになったり、知らないおじいさんの武勇伝を聞いたりすることも。

5日目は、大分から宮崎、都城と下り、枕崎駅に到着。子どもたちがたどり着いた海際の展望台には、先まわりしたディレクターの姿があった。驚く子どもたちにディレクターは問いかける。「旅を終えてみて、現代の日本で失われたものはなんだと思う?」。ある子どもが古い建物や道具の写真を見せると、ディレクターは「それなら、東京にもあるだろ。もう一回見てこい」と叱り飛ばす。疲れ果てた子どもが「やだよ、こんな遠いところ」と言うと、ディレクターが一言。「遠かったか。それが答えだよ」。利便性と引き換えに失ったもの、それは遠さの感覚だ。

「最果ての地で現代の日本に失われたものを探せ」より

はやぶさ 5号 8:20 21
Max とき 307号 8:24 新潟 20
なすの 253号 8:28 郡山 23
かがやき 505号 8:36 金沢 21
7号 8:40 20
はくたか 555号 8:44 金沢 23
HIKARI

またのおこしをどうぞ
枕　崎 ⟷ 鹿児島中央
WELCOME
TO IKEDA
白波

# 08

## 白い部屋をつくれ！

大学構内の老朽化した建物を改修し、新たな活動拠点ROCKETハウスをつくることになった。この日のミッションは、室内の未塗装部分の壁面を白く塗ること。それぞれの持ち場を決めて、作業を開始する子どもたち。設備に養生（ようじょう）を施し、ローラーや刷毛を滑らせていく。最終的には真っ白に塗りつぶすのだからと大きな絵を描いて楽しみながら、天井や床、窓との境など細かなところは丁寧に。「よし、終わったー！」と、壁面を眺めてみると、なんだか違和感がある。「壁の色、微妙に違っていないか？」とディレクターがぽつり。よく見ると、薄くグレーがかった部分がある。それに、刷毛跡が目立つ部分も。「なんてことだ！」。笑顔だった子どもたちの表情は一変。が、これは実はディレクターによる〝落とし穴〟だった。微妙に色の異なる2色のペンキを準備し、一区画は職人に依頼。プロの仕事との差が見えるようにしていたのだ。目の前のことに集中すると、全体が把握できなくなってしまう。〝落とし穴〟には要注意。

「白い部屋を創る」より

MEASURE
BUCKET
SEKISUI HOUSE

# 09

## 食材キューブを組み合わせて、デジタル飯をつくれ！

2・5㎝角の食材のキューブをゲーム感覚で組み合わせてつくる「デジタル飯（＝デジメシ）」。つくり方はシンプルだ。肉や魚、野菜、果物、加工食品40品目、約300個のキューブから、好きな食材を27個選択し、耐熱ガラスに縦3列・横3列で積み上げ、電子レンジで3分間チン。オリーブオイルと塩で味つけしたら完成だ。無数のバリエーションが生まれるのが、この料理の特徴。彩りや栄養バランスを気にしながらキューブを並べる子どもたちを横目に、妙な組み合わせに満足げな少年の姿が。彼の選んだ食材は、「好きなものすべて」というルールでチョイスされた牛肉、ベーコン、チーズ、チョコレートの4種類。レンジでチンして生まれたドロドロの逸品は、みんなが眉をひそめる惨憺たるもの。が、驚いたことに、彼のデジメシは予想外のおいしさ！　イノベーションを生み出す常識を覆す選択とは、まさにこのことだ。

「君はデジメシを知っているか ―ゲーム感覚で料理に挑戦―」より

# 10

## 6日間の過酷な漁師生活を耐え抜け！

凍てつく冬の日、生物好きの小中学生が訪れたのは、宮城県石巻市にある複合体験施設モリウミアス。ここで6日間、漁師に弟子入りし、彼らが培ってきた知識や技術に触れる。まだ真っ暗な午前2時に起床し、氷点下の寒さのなか、3時には海へと出発。船で沖に出て、11時まで、1カゴあたり50kgのホタテの収穫、出荷前の下準備をする。さらに午後には、掃除や家畜の餌やり、自分たちの食事づくりが待っている。慣れない生活リズムと山積みの作業に疲れ果て、寝坊して置いていかれることも。「なんでこんな重労働しなきゃいけないの！」と漏らす子どもに、ディレクターは「嫌なら別にやらなくてもいい」と言い放つ。凸凹な子どもは挑発して伸ばすのがROCKET流。子どもは渋い表情を浮かべながら、「いや、やる！」と食らいつく。ROCKETの野外学習は過酷に見えるかもしれない。しかし、厳しい寒さでも、ここで暮らす小学生は学校へ行き、漁師は海へ出る。これがリアルなのだ。

「漁師体験を通して、生物とその研究法を学ぶ ― 6日間の過酷な生活に君は耐えられるか ―」より

# 11

# 坂本龍馬を写した幕末の撮影方法で写真を撮れ！

この日のミッションは「湿板写真の撮影方法を学び、表現を模索すること」。湿板写真とは、硝酸銀溶液という薬液を塗ったガラス板を、フィルムのように使う技法だ。幕末に日本へ伝来し、坂本龍馬などの肖像写真の撮影にも用いられている。薬液は有毒なため、子どもたちは白衣とゴーグル、手袋を装着。緊張した面持ちで、講師で写真家の田村政実さんの指示を待つ。まずは、無色透明のガラス板にコロジオンという薬品を塗り、硝酸銀溶液に浸す。すると、被写体を写す感光膜ができる。ガラス板が乾かないうちにカメラに取りつけて撮影。だが、シャッターは一瞬では切れない。「1、2、3……」と数えて、15秒。現像液につけ、定着させると、20分ほどで像が浮かび上がってくる。白く濁ったり、像が薄かったりすると、田村さんが「洗い方がダメ」などと失敗の理由を解説してくれる。誰でも簡単に撮れることで普及したデジタルカメラとはまったく違い、湿板写真は一枚一枚が真剣勝負の世界だ。

「坂本龍馬はどんなカメラでその姿を残したか!?」より

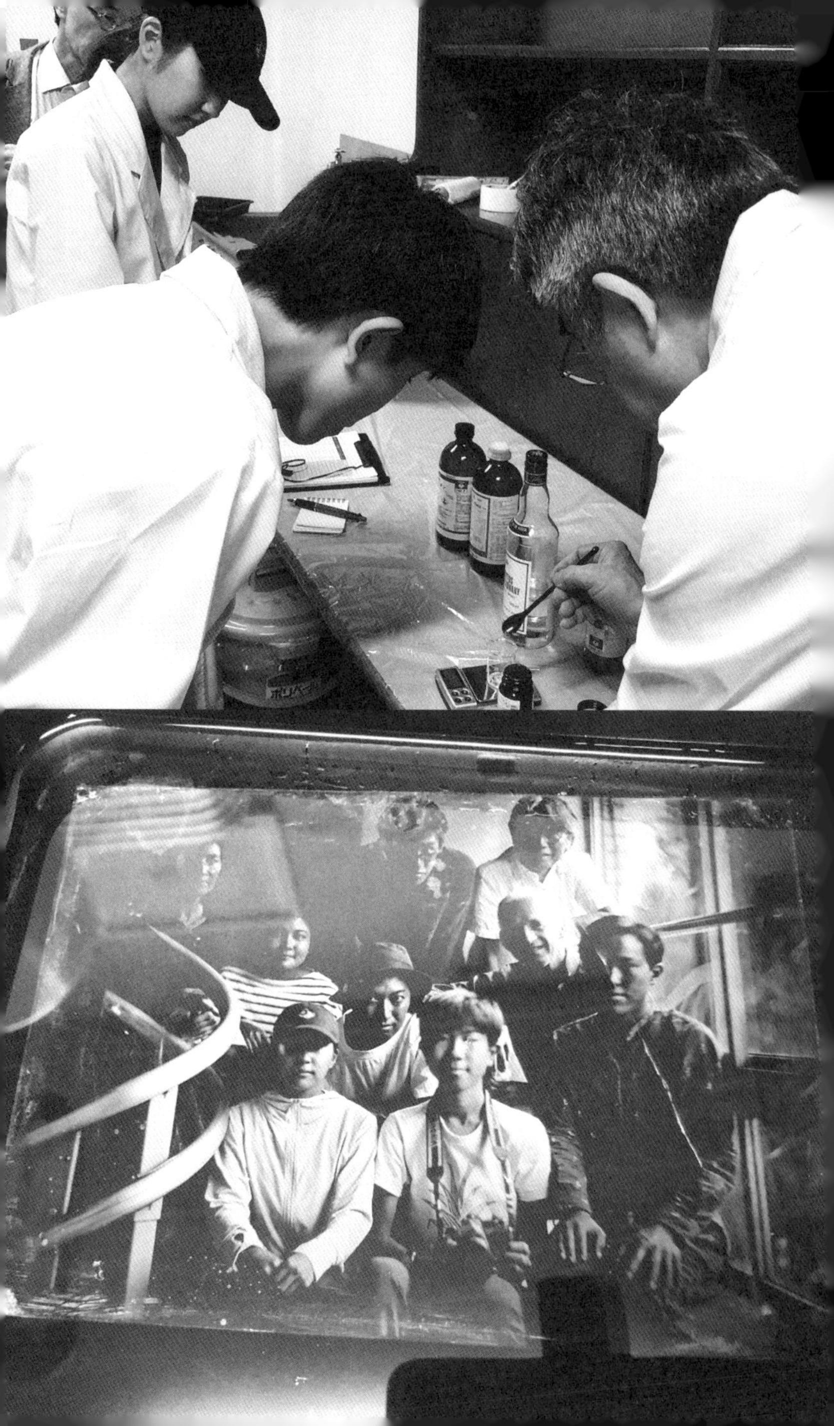

# 12

## ROCKETにルールは必要か、議論せよ！

ROCKETでは、受講後にレポート提出が求められる。学んだことをまとめる子がいれば、さらに専門的に掘り下げて研究をまとめる子、「どうして、こんなことをさせるんだー！」と怒りを発露する子もいる。レポートは、どんなことを書いてもいいし、字数も形式も自由だ。だが、ある日、作成が億劫だと感じた子どもから、「先生、提出を義務づけるのはどうかと思う」という声が。「ルールがあるなんて、学校みたい」「ROCKETは新しい学びの場なのに……」と子どもたちの意見が続く。すると、ディレクターは「たとえば、君たちがレストランに行くとするだろう？『ごちそうさま』も言わず、お金も払わず店を出ていくのって、どう思う？」と返す。「それは……、ダメかも」と、一人の子どもが言う。ディレクターは「ROCKETは社会実験で、応援してくれる人がいて成り立っている。だとしたら、俺たちにできることはなんだ？」と問いかける。また、議論がはじまった。

「ROCKETにルールは必要か」より

# 13

## 北海道の原野で鹿の角を探して、カトラリーをつくれ！

「北海道・十勝の原野で鹿の角を探して、カトラリーをつくれ！」。ディレクターがミッションを告げると、アウトドアのアクティビティと思い込んだ子どもたちは「楽しそう！」と目を輝かせた。だが、人間の手が及ばない原野は熊がよく出没するという。ディレクターの「馬にでも乗らないと襲われてしまうぞ」という言葉に、身の危険を感じ、乗馬の練習からはじまる7泊8日の合宿を行うことに。

まずは牧場で、相棒となる馬探し。牧場主の田中次郎さんは「原野に放った馬のなかから、好きな馬を連れておいで」と子どもたちに1本のロープを手渡した。あたりを彷徨(さまよ)いながら、子どもたちは馬を探す。しかし、馬を目の前にすると、想像以上に大きい。力も強く、引っ張ってくるにも振りまわされる始末。ためらっていると、馬は察してしまう。主人として堂々と振る舞い、危害は加えないということを伝えなければ、馬は心をひらかない。

ROCKETに集まる子どもたちは、うまくしゃべれないからと、人との接触を避

けることも多い。しかし、言葉の通じない馬であれば、うまくコミュニケーションがとれるというわけでもない。毎朝5時に起床し、馬房の掃除や餌やりをしながら信頼関係を築こうとするが、世話をしても馬はなかなか言うことを聞かない。「どうしてなんだー！」という子どもの叫び声が幾度となく厩舎に響き渡る。やっとのことで馬を乗りこなし、原野に出ることができたのは、滞在最終日だった。

わずかな時間で入手できた角の数はたったの3本。これらを材料に、いよいよカトラリーづくりがはじまった。一番人気は、今年抜け落ちたばかりと思われる美しい1本。子どもたちは、5人で分け合い、思い思いのスプーンやフォークをつくり上げた。そんななか、ほとんど誰からも見向きもされなかった白骨化した角を気に入って、作業もせずに持ち帰ってしまった子どもが。1カ月後のある日、晴れているにもかかわらず、彼が傘を持って現れた。なんと、柄が角でできたオリジナルだ。「フォークも傘もさすもの。これでいいよね！」

「北海道の原野で鹿の角を探して、カトラリーをつくれ！」より

# 14

# 百貨店は百科事典。さまざまな違いを探求せよ！

百科事典を調べなくても、インターネットでなんでも検索できてしまう時代。子どもたちの言葉の知識が増え続ける一方、そのリアリティはまったく追いつかない。「銀って何？」と聞かれて、元素記号の「Ag」は即答できても、銀と鉄の見た目の違いや銀食器の手入れの仕方はわからないのがROCKETの子どもたち。さて、ガラスとクリスタル、陶器と磁器、切り干し大根とかんぴょう、蒔絵（まきえ）と螺鈿（らでん）と象嵌（ぞうがん）、ウールとシルク。現物を実際に見分けられるだろうか？　用途によって正しく使い分けできるだろうか？　知識は、身になってこそ意味がある。そんな〝知っているつもり〟と向き合うのが、このミッション。舞台は、銀座にある百貨店だ。百貨店は、本物と出会える知の宝庫。お題となっている商品を探しに売り場へ向かい、実物を見ながら、店員から直接細かな違いを教えてもらう。プロのセールストークを聞くこともまた一つの学び。インターネットで得た知識など本当の知識ではないのだ。

「百貨店は百科事典」より

## やってみて、どうだった？
### ー子どもたちの感想文よりー

……最後は三越に行ったことであります。普段なら店員に尋ねられる自分でさえも戸惑い、躊躇してしまう程、三越の店員に話しかけることができずに店内をうろついたり、実際に質問しようとしても、緊張してしまい、色々聞くこと（点と点をつなげて線にする）はあまりできませんでしたが、聞ける箇所は聞けましたので、当面は其れでいいと思った限りであります。中邑教授がホウキ職人の話を聞いた後に、2万円のホウキを買う姿を見て、直観的に、「このように（商売が）成り立っているのか」と絶え間なく其の美しさやかっこよさを痛感する限りであります。自分も「自分で御金を稼ぐ時が来ればこのようなことに御金を使いたい」と思った次第であります。いつか、私が初老になる頃にはよい思ひ出であつたと思へる日が来れば、其れで幸ひです。（Oさん／15歳）

---

……「漆」とは木を傷つけて、その傷を治そうとすることによって分泌される「樹脂」のことで、それをヒノキなどの木でつくられた食器や家具に塗り、強度を高める上につやを出し、腐りにくくするためのものだということがわかりました。そして、そろそろ時間になったので、駒場に戻りました。（中略）各グループの発表会が行われました。僕たちのグループの発表が終わり、中邑先生に言われたことは、その漆はほかに何に使われているのか、ということでした。そこまではなかなか調べきれず、先生に質問してみたら、「食器の接着剤」に使われていることがわかり、食器が割れたときに補修剤としても使われているのだそうです。そこから接着剤の知識へとつながっていき、接着剤からもっとほかのものに、みんなつながっているんだなということがわかり、とても感心しました。（Mさん／13歳）

※参加したスカラー候補生の感想文より抜粋

50のミッション

# 15

## 障害者スポーツの祭典とナチスドイツの共通点を探れ！

海外旅行のプログラムで、子どもたちは目的を告げられぬまま、まったく異なる二つの現場へ。まずは、スイスへ向かい、国際的なスポーツ大会「サイバスロン」を見学する。障害者アスリートと先端技術の開発者が協働し、最先端の車椅子などを用いて、力や速さを競い合っている。次に向かったのは、ナチスドイツと関係の深いドイツ・ハダマーにある精神科病院の記念館とポーランドのアウシュビッツ強制収容所。第二次世界大戦のとき、ヒトラーたちはユダヤ人を虐殺する前に、障害者の「安楽死」や強制不妊なども行っていた。ディレクターは「この二つの共通点は、なんだと思う？」と問いかける。かたや障害者スポーツの祭典、かたや残虐な人類の歴史。どこが共通するのだろうと、子どもたちは黙り込む。そこで、ディレクターが口をひらいた。「人を優劣で選別する優生思想が根っこにないだろうか。そういう価値観が社会や僕らの心のなかにも潜んでいると思わないか？」

「サイバスロンとアウシュビッツを巡りながら近代文明を考える旅」（ドイツ、ポーランド、スイス、ベルギー）より

# 16

## このはし渡るべからず！

ROCKETでは、さまざまな分野の第一線で活躍するトップランナーを招いたレクチャーを開講している。ある日のこと。講師の話をまったく聞かずにゲームをしている子どもがいた。あまりの態度の悪さに、腹を立てるディレクターだが、それが失礼だとわからない子どもを「出ていけ！」と叱っても効果はない。そこでディレクターは、逆転の発想で講師に「少し気分を変えたいので、教室を移っていただけますか？」とお願いする。子どもたちには「話を聞きたい子はついておいで」と声をかけ、移動をはじめた。すると、ゲームをしていた子どもは一人取り残されると思って焦り、「あ、僕も行きます」とみんなの後を追いかける。「あれ、君は興味がなかったんじゃないの？」と少し不思議そうな表情でディレクターが問いかけた。「出ていけ！」ではなく、「出ていく！」という先生がいてもいい。〝とんち〟は時に状況を変える。

# 「チームのほうが欠点を欠点のまま生きられる」

**チームラボ 代表取締役　猪子寿之さん**

最新のテクノロジーを活用したシステムやデジタルコンテンツの開発を行うチームラボ代表の猪子寿之さんは、大学に入学したころにインターネットと出会う。当時のインターネットは電話回線を利用して、「1枚の写真を見るのに5分くらいかかった」時代。だが、猪子さんは「これからデジタルが社会の中心になる」と確信し、2001年、「自分も社会を変えていく側になりたい」と仲間とチームラボを起業する。売るのは、アートといえばの彫刻や油絵ではない。プロジェクションマッピングという「動く絵」「反応する絵」だ。「かっこいいと思う人が100人に1人でもいればいい。みんなの支持を得なくても、少数の強い支持を得たら仕事になることもある」と猪子さんは話す。

猪子さんは創業以来、「デジタルで何ができるか」を探求し続けてきた。

「モノはダサい、物質で変わらないことはダサいとか、過去を強く否定しながらデジタルだからできることを模索し続けてきた」

原点は、高校生のときに文化祭で仲間とつくったお化け屋敷だという。歩くと最後に床が落ちる坂道、進行方向が回転し外に出られなくなる床の仕掛け……。本当に怖いお化け屋敷は学校中の話題となった。「自分一人ではとてもできない規模で、思いつかないようなことができた。そういうことを職業にしたいと思いました」と振り返る。仲間と試行錯誤する日々は今も変わらない。

「一回やったら今度こうしたいということが生まれ、またやって、新しいことを発見するという繰り返し。（アイデアは）だんだん積み上がっていくんだよね。何か一つのことをやっているうちに」

現在チームラボのメンバーは700人を数え、事業は世界的に広がる。「チームのほうが楽ちんなんだよね。欠点を欠点のまま生きられる。一人で切り拓いている人のほうが人間として完成度が高い。（チームのほうが）人間として完成度が低いまま生きられるよね（笑）」

（Top Runner Talk #7「仕事と遊び、リアルとバーチャル」より）

# 「目隠しさせられながらマラソンを走っているような」

宇宙飛行士　山崎直子さん

宇宙飛行士の山崎直子さんは、東京大学で宇宙工学を専攻する大学院生だった24歳のころ、初めて海外に行った。1年間のアメリカ留学。そのとき出会った70代で、ヘリコプターを操縦するパワフルなおばあさんとの「とにかくびっくりして、刺激を受けた」出会いが、あこがれの宇宙飛行士を本気で目指すきっかけになったという。

だが、そこからの道のりが長い。1度目の宇宙飛行士選抜試験では、書類審査で門前払い。宇宙開発事業団（NASDA、現・JAXA）でエンジニアとして働きながら、2度目の挑戦で合格し、1999年、宇宙飛行士候補者に選ばれた。「5度目、6度目（の挑戦）でなった人もいます。何度もあきらめない、やってみることが大切」と山崎さんは語る。

2001年には宇宙飛行士として認定される山崎さんだが、実際にスペースシャトル

「ディスカバリー」に塔乗し、宇宙へ旅立つのは約10年後の2010年のことだ。長女の出産、スペースシャトル「コロンビア」の事故による混乱……。その10年は、見通しがないまま訓練を続ける、「目隠しさせられながらマラソンを走っているような感覚」だったと振り返る。

そんな日々を耐え抜き、いざ宇宙に旅立ってみると、わずか8分半で、宇宙船は高度400kmにたどり着く。

「初めての宇宙で見た地球は、（見下ろすのではなく）真上に見えたのでちょっとびっくりしました。400kmまで来たのに、自分のほうが沈んでいるんです。地球のほうが上に輝いていて、逆転しているとびっくりしました。宇宙って相対的な世界なんだなって」

いまや月への旅行は夢ではないと山崎さんは言う。10年、20年後には火星まで人類はたどり着けるとも。それでも、宇宙はまだまだ未知のことばかりだ。「ワンダフル（wonderful）の語源の『wonder』は未知という意味で、それが『full』、たくさんだから、素晴らしい。宇宙のことはわからないことだらけ。だからこそおもしろい」と山崎さんは目を輝かせる。

「将来とか、数カ月先のこともわからない。でも、あらかじめ道が一つに決まっているわけではない。これから何を思って、行動するかで、新しい道はできる。思ってもみない可能性ができる。そういうところに（宇宙を探究する）醍醐味があると思います」

（Top Runner Talk #16「宇宙飛行士になる勉強法」より）

## トップランナーによる名語録

チャレンジ癖と
撤退癖を
つけておく

芸人・絵本作家　西野亮廣さん

僕の作品は、
見間違いや違和感を
別の角度からすくいとる
ことからはじまる

現代アーティスト　鈴木康広さん

一番大切に
しているのは
魂を込められるか

建築家　六角鬼丈さん

未来は頭のなかに
あったと思わない？

詩人・児童文学者　片岡輝さん

料理ができる人は
人を幸せにする
力がある人

料理研究家　土井善晴さん

やってみてから
考えること。
やる前に
考えるなということ

数学者　西成活裕さん

みなさん、
おめでとうございます！
変態が天才になれる
時代がやってきました

書道家　武田双雲さん

職業の枠を気にせず、
自分で名乗ってしまう
くらいでいい

デザイナー　神原秀夫さん

アイデアがすごければ
すごいほど、
誰も理解してくれない

ロボットクリエイター　高橋智隆さん

好きなことをして生きる

造形家　竹内しんぜんさん

人間の可能性を超える
ことができる。
僕はそれがとてもおもしろい

エンジニア　遠藤謙さん

僕はミドリムシで
世界を救うことに
決めました

起業家　出雲充さん

いっぱい練習することと
経験することで、
自信が出たのかな

美容師　江崎弘樹さん

大人にならないと、
というのは古い考え方

起業家　堀江貴文さん

# 17

## 雪の降るまちに棲息する熱帯魚を探せ！

大人がやりたいことをやっていれば、子どもは背中を見て勝手に育つもの。好奇心がくすぐられる不思議議が隠れたプログラムは、ディレクターの少年時代の実体験をもとにしているものも多い。この常識はずれのミッションも、その一つ。冬の雪降る九州の川で、熱帯魚を捕まえたことがあるのだ。そんな背景はつゆ知らず、生物好きの子どもが大分駅に集合。ヒントは一切与えられず、「とにかく人に聞いてこい」と突き放される。子どもたちは誰にどう聞いてよいかわからぬまま、「いつから熱帯魚は川にいるんですか？」と闇雲に聞いてまわる。「子どものころ、川で熱帯魚をとりましたか？ と聞いてみたら」と、聞き方を教えていくディレクター。しばらくすると、新聞で読んだことがあるなど証言が得られていく。そうして、たどり着いたのは、別府市にある春木川。歩きながら調査していくと、ある地点で水温が急上昇。本当に熱帯魚がいるのを自分の目で見て、子どもたちは大興奮だ。

「雪の降る街に熱帯魚はいるか」より

# 18

## 人のふり見て、我がふり直せ！

この日のミッションは「3分間で、自己紹介プレゼンテーションをせよ！」。子どもたちは、一人ずつ前に出て、名前や年齢、好きなこと、自分の活動について話す。が、どうもディレクターの様子がおかしい。つまらなさそうな表情でスマートフォンを取り出しいじりはじめ、ときに野次を飛ばし、挙げ句の果てには、机に突っ伏して居眠りする始末。そんな様子に子どもたちはたじろぎ、先生の肩を揺すり、「ちょっと先生、ちゃんと聞いてくださいよ〜！」と嘆願する。それでも、ディレクターはお構いなしだ。次第に自己紹介する子どもたちの声は弱々しくしぼんでいく。全員のプレゼンテーションが終わる。すると、ディレクターは彼らに向き直って、満面の笑みでこう言い放った。「これまで君たちがしてきた行動を、断片的に再現してみたんだけど、どうだった？」。子どもたちの表情はこわばり、言葉を失った。

「コミュニケーションの取り方」より

# 19

## 中山道を歩いて、軽井沢を目指せ！

「たまには軽井沢でゆっくりしようか！」「やったー！」

そんなディレクターと子どものやりとりからスタートしたこのミッション。子どもにとっての誤算は、歩いて行かなければならなかったことだ。軽井沢までは、江戸時代の五街道の一つで、江戸と京都をつないだ中山道を通る。電車で行けば、6、7時間の道のりも、歩けば2日がかり。スタートの日本橋から1時間かけて秋葉原まで歩き、初日はそこから電車で高崎へ。翌日は軽井沢を目指して歩き出した。途中には中山道の難所「碓氷峠」が待っている。1時間も歩くとひと気も少なくなり、次第に江戸時代と変わらぬ景色となる。

碓氷峠までの距離は14㎞ほどだが、960mの高低差がある山道。道中は、ROCKETの子どもたちらしい歩みだった。道をはずれて植生を調べてなかなか前に進まない子がいれば、歌を歌い続ける子、電車移動だと思って持ってきたキャリーケースを引いて山を登る子も……。キャリーケースの子はさすがにスタッフも

止めようとしたが、本人いわく「これがいい、行けると思うんです」。いつの間にか率先してつらい道のりを歩くリーダーになっていた。猿の群れに取り囲まれることもあったが、10時間近く歩き、雨が降りはじめたころ、ようやく峠に到着した。

宿泊予定のビジネスホテルに向かい、1時間ほど歩いたところで、トラブル発生。ディレクターが慌てた様子で追いかけてくる。「手違いでホテルの部屋数が足りない。代わりの旅館が取れたけど、とても古くて、相部屋……。30分以上道を戻らないといけない。誰か行ってくれないか?」。しかし、「絶対やだ!」と最初は誰も譲らない。押し問答の末、宿泊先をそれぞれ選ぶ。旅館に泊まる子どもたちは、ホテル泊の子どもたちと別れ、また歩き出す。おなかは減り、体は冷え切っている。

歩き疲れた子どもたちが最後にたどり着いたのは、なんと軽井沢で最も伝統のある高級旅館。温かいお風呂と豪華な御膳が待っていた。一方、ホテル泊の子どもたちの夕食は、近所のコンビニ弁当。翌朝そのことを知った彼らだったが、自分で選んでしまった以上、文句は言えなかった。

「中山道を歩く」より

# 20

## 甲殻類を解剖して食せ！

普段料理をしない子どもたちは、生き物を調理し食べることが容易ではないことを知らない。名物ミッション「解剖して食せ！」では、教科書がないだけでなく、時間制限を設けることなく、生き物の生死とたっぷり向き合ってもらう。この日、頭ばかり使いがちな理系の子どもたちが解剖するのは、甲殻類。もちろん、インターネットでの検索は禁止だ。キッチンには、ウチワエビ、タラバガニ、セミエビなど、見たこともないような巨大な甲殻類が並ぶ。おそるおそる調理をはじめる子どもたちだが、彼らの好きなプログラミングとは違い、生き物は予測できない動きをする。包丁を入れれば、暴れまわり、その振動が手を通して伝わってくる。感じる動きは、生きている証であり、動きを封じることは、目の前の命を断つことを意味する。だが、包丁を入れ、ハサミで解体しても生き物は動き続ける。そうして、命をいただいて食べる昼食は、「おいしい」「まずい」の世界ではなくなるのだ。

「解剖して食す（海老）」より

## やってみて、どうだった？
### ー子どもたちの感想文よりー

……触るのは好奇心を掻き立てた。私が選んだカニはタラバガニで大きいのでもう一人のスカラー候補生と一緒にシェアすることにした。解体するにあたり、少しでもカニに負担にならないようにと気をつけてはみたものの、初めての体験ゆえ、実際どうだったかは甚だ疑問ではある。解体する前にカニの下にキッチンペーパーを敷いていたのだが、解体を進めているとふとキッチンペーパーの下にゼリー状の物体があることに気づいた。試しになめてみると意外とおいしいことがわかった。そこでにこごりのようなものをつくってカニに添えてみようと思った。しかし､困ったことにゼリー状の物体が微妙な硬さのまましっかり固まらず綺麗なゼリーにはならなかった。一体なぜしっかり固まらなかったのか疑問である。これから一生付き合っていくであろう疑問を垣間見た瞬間だった。（Aさん／15歳）

---

……僕は毛ガニ一択だった。ほかに毛ガニを希望した者はいなかった。そうして、各々、いろいろ思いつつも調理がスタートした。まず、自分を含むみんなは支給されたばかりのiPadmini4を開き、調理法を調べはじめた。当然スタッフによるストップが入る。そんなわけで少し前情報が入ってしまったが、その情報も気にしつつ、本格的に調理をはじめた。さきほど調べてしまった情報を基に冷やしたり蒸すことにした。正直､調べなきゃよかったと今では反省している。さて、仏教徒である僕は長考の末に覚悟を決め、心を鬼にして氷水に毛ガニをつけ、その後、蒸した。何やら内臓っぽいものがブクブク出てきた。毛ガニさんごめんなさい……その後、心を鬼にしてカニのハサミを切った。やっていくうちに慣れてきたが、ノってきたのは8本目に差しかかったあたりであった。（Bさん／13歳）

※参加したスカラー候補生の感想文より抜粋

# 21

## 中古の椅子を新品に再生せよ！

今回のミッションは、水之江忠臣氏が60年代に制作した椅子の修復。だが、椅子はすべて木で組み立てられ、ネジなどが使用されていない。どう解体したらいいのか、子どもたちは頭を抱えるばかりだ。ディレクターは「僕ならこうする！」と言うや否や、高級椅子を2階にある教室の窓から放り投げた。呆気にとられた子どもたちは、慌てて階下へ走る。椅子はバラバラだ。これで構造が簡単に理解でき、接着部分には、膠（にかわ）が使われていることも判明。後日、那須の職人を訪ね、手ほどきを受けながら修復に挑む。新しい部品ができると、接着の工程へ。そこで彼らが選択したのは、もとの膠ではなく、化学接着剤だった。膠は温めることで緩むため、何度も部品を取りはずし修理することができる。一方、化学接着剤は強力ゆえに、一度くっつければ解体は不可能だ。椅子は無事「再生」したのか？　ディレクターが問いかける。「扱いにくいものが使われないなら、君たちのような子どもも社会にはいらないのかな？」

「汚れ傷ついたチェアを新品のように再生させよ！」より

# 22

## 山手線の長さを測れ！

「2日間で山手線全駅のホームの長さを測れ！」のお題に、子どもたちは「実測」「ハイテク活用」「情報収集」の3チームに分かれ、計測の作戦を練った。「実測」は何駅か見学して発見した、ホーム内にある床タイルや点字ブロックなど共通の資材を基準に測ることに。「ハイテク活用」はGPSの位置情報から3Dモデルをつくることになった。「情報収集」はネットや図書館で調査を進めた。ところが、それぞれ想定外の出来事が……。「実測」は、駅により資材が違うことが判明し、一定の長さに切ったテープで計測を試みることになった。「ハイテク活用」は駅舎に遮られGPSが感知できないというまさかのトラブル。「情報収集」はSNSで電車マニアにアプローチしたものの、コンタクトが取れなかった。結果は「実測」の勝利。誤差は5～30cm以内だ。実は田端駅だけ誤差が数十mあったのだが、これは手元資料の誤記と判明。車両の長さよりホームが短く記されていた。実測したからこそ、たどり着けた答えだ。

「君はどれだけ知恵があるか～山手線のホームを並べよ（作戦編・実地編）」より

# 23

# ROCKETのコンセプトブックを批判せよ！

ROCKETが毎年発行しているコンセプトブック。ある日、ディレクターは「君たちが取り組んできたことが大人の都合のいいようにまとめられているぞ！　無茶なことを言われて困ったり、ムカついたりしたこともあるだろう。どう思う？」とけしかけた。すると、子どもたちは「はい！　はい！」と前のめりで手を挙げる。「『挑発』を美化しているけど、人間性を否定されてダメになる人もいると思う！」「『教科書なし、時間制限なし、目的なし』って、一般化できる学びじゃないんじゃない」と、次から次へと思ったことを好き勝手に口にする子どもたち。「なるほど」とディレクターは受け止め、再び問いかける。「じゃあ、自分たちでつくってみる？」。すると、さきほどまでの勢いはしぼみ、みんな黙ってしまった。どのようにつくるのか？　そもそもコンセプトとは何か？　議論はまったくまとまらない。そんななか、数カ月かけてユニークな視点で冊子を一人でまとめ上げる子どももいた。

「ROCKETのコンセプトブックを批判せよ」より

不登校の特権
ROCKET
読まない・書かない・しゃべらなくても大丈夫
ROCKET
?
What is
ROCKE

# 24

## 突き抜けた「好き」を仕事にせよ！

東京大学のシンボル、安田講堂。建築家・千葉学さんの講演でスクリーンに映し出されたのは、子どもたちにも大人気の冒険ゲーム「マインクラフト（＝マイクラ）」でつくられた安田講堂だった。マイクラはゲーム上に想像した建物を建築できる。実際の設計図をもとに再現された安田講堂の精度に、「おぉー！」と子どもたちから歓声が上がる。「好き」も突き詰めれば仕事になる。ゲーム会社を巻き込み、ROCKETの活動拠点となっている駒場キャンパス1号館、13号館をマイクラ内で再現し、建築的特徴と文化的価値の保存を行うプロジェクトが立ち上がった。高校生以上にはアルバイト代、中学生以下にはソフトウェアが提供されるという好条件。呼びかけに応じたのは、ゲーム好きの子どもたちだった。だが、それを理由に四六時中取り憑かれたようにゲームに興じるばかりで、ほかのことには見向きもせず、何もしなくなった子どもたち。見かねたディレクターは、この活動を「解散」とした。

「好きなことで働く ―ゲーム好きを活かそう！ マインクラフトで文化再生プロジェクト」より

# 25

## 幻の発酵茶をつくれ！

四国の山奥に「幻の発酵茶」と呼ばれる碁石茶がある。発酵茶とは、微生物によって茶葉を発酵させるお茶のこと。茶粥の出汁(だし)にもなり、瀬戸内海の島々で愛飲されてきた。高知県大豊町で400年以上前から生産され、ここでしか手に入らない。その製法を習い、実際につくってみるのが今回のミッションだ。子どもたちは、斜面を這うように畑が並ぶ山奥の農家を訪ね、茶葉の刈り取り、仕分け、代々伝わる菌の息づく部屋での発酵の過程を学ばせてもらう。摘んだ茶葉は後日届き、東大先端研で碁石茶づくりがはじまる——はずが、ほぼすべてに黒カビが生え、発酵どころではない！ディレクターは「なぜ失敗したの？」と尋ねるが、気温が高すぎたなどと他人事のように理屈を語る子どもたち。実は、発酵に時間がかかると聞き、茶葉を数日放置していたのだ。ディレクターは怒り爆発。「あのおじいさんがなぜ失敗しないか知っているか？　人の金でやっている君たちと違って、毎日見ているからだ」

「四国の山中にある幻の発酵茶の製法を習い、先端研でつくれ！」より

# 26

## 自ら精麦した小麦粉でワッフルをつくれ！

この日のミッションは、「自ら小麦粉を精麦し、ワッフルをつくれ！」。子どもたちに最初に配られたのは、ピンセット、茶こし、1粒の小麦。まずは1粒のなかに、どれほどの粉が入っているのか確認することが第一関門だ。テーブルに無造作に置かれた、古代の打楽器にしか見えない木の棒や石を使って、子どもたちは小麦を叩いたり、すりつぶしたりして衝撃を与える。すると、硬い殻が破れてさらさらとした白い粉が出てきた。しかし、彼らが取り出した小麦1粒分の粉は0・1gにも満たない。ワッフルをつくるためには、110gの粉が必要だ。製粉するための時間と労力を考えると、精麦にかかる時間と労力を小さくする必要がある。子どもたちは頭と体を使いながら、文明を生み出すがごとく、試行錯誤を経て、より効率的な方法（広い面で上から圧力をかけてすりつぶす）にたどり着く。必要な量を精麦するために死闘を繰り広げること3時間。なんとかワッフルのための小麦を手に入れることができた。

「解剖して食す（小麦）」より

# 27

## 東北の被災地で防災を学べ！

ROCKETでは、現場で実際に見聞きすることの大切さを伝えるプログラムを行っている。その一環で、宮城県石巻市の大川小学校と雄勝小学校を訪れたときのこと。災害時の避難のあり方について、体験者から話を聞く機会があった。2011年に起きた東日本大震災の津波により、大川小では全校児童108人のうち74人が犠牲となった。校庭に全員が集合し、避難までの判断に時間を要したことが悲劇を生んでしまったのだ。被災して娘を失った方は、「先生たちは子どもたちを助けようとしたが、結果として助けられなかった。なぜなんだという思いがずっと消えない」と胸の内を明かしてくれた。同じく津波に見舞われた雄勝小でも子どもたちは校庭に避難したが、死者は出なかった。待機しているところを地元の人に注意され、すぐに山へ逃げたのだ。津波てんでんこ＝津波は各自バラバラに逃げること。東北に伝わる教えを聞かせてもらった子どもたち。リアルな現実を知ることが、防災訓練にもなった。

「陸の孤島に残る昔を探せ」より

# 28

## 誰かが決めた100%ではないゴールを探せ！

大学構内にアトリエを構えるアーティスト・鈴木康広さんが、国際展に参加することになり、出展作品《透明の人》の研磨作業をある中学生が手伝うことになった。人型に削られたアクリル像の輪郭を、滑らかになるまでひたすら磨く。連日夜遅くまで続く作業により、アクリル像は次第に輝きを帯びはじめる。鈴木さんは、来る日も来る日も〝透明〟を追求し続ける。そんなある日、ゴールの見えない作業に、子どもは「今どのくらい進んでいるのでしょうか？」と尋ねた。それに対して、「100％で言えば、80％。でも、300％だったら60％かな」と鈴木さんは独特な表現で答える。その子は作業に戻るが、しばらく経つと、再び「今どのくらいですかね？」と自信なさそうに尋ねた。すると、鈴木さんが一言。「自分がこれでいいと思うところまでやりなさい」。そう言われた瞬間、その子は誰かが決めた100％を目指すのとは別のゴールがあることに気づいたという。

「ロンドン・デザイン・ビエンナーレ」より

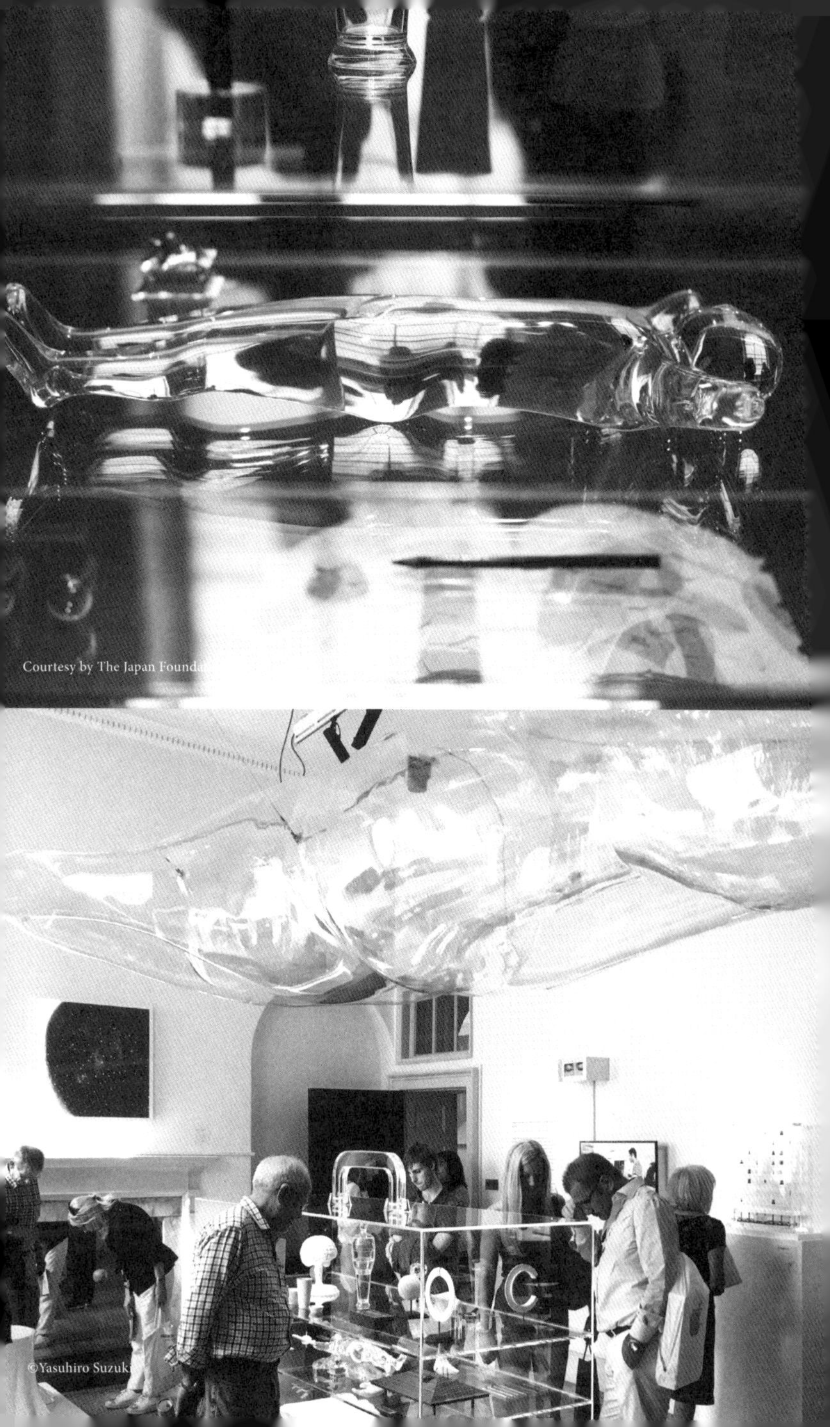

Courtesy by The Japan Foundat

©Yasuhiro Suzuki

# 29

## ひたすらタヌキを数えろ!

ROCKETでは、全国の自治体と連携し、学びの意欲を失った子や幅広い興味をもつ子とともに、多様なプログラムを展開している。訪れたのは、群馬県館林市。「昔話『ぶんぶく茶釜』の舞台・茂林寺にあるタヌキの置物の数を数えろ!」というのが、今回のお題だ。子どもたちは、すぐに数えられるとたかを括っていたが、到着するや否や仰天。参道や境内、お堂など至るところに、タヌキの置物がある。近所の人に数を聞いても「500体くらいじゃない?」と曖昧な答え。住職も「たくさんある」と答えるばかりで、実数はつかめない。こうなったら人海戦術と、地道に一つひとつ数えていった。だが、あまりの数に「どこまで数えたっけ?」「あー、もう……」という声が聞こえはじめる。そこで、作戦会議の末、エリアを分け、担当を決めて記録を取ることに。5時間を超える調査の結果、なんと890体あることが判明! 人の意見と、事実の間に生まれる差の大きさに、驚く子どもたちだった。

自治体連携プログラム(群馬県館林市)「何が本当か?—たぬきに化かされるな!」より

報恩
宗祖 道元禅
大林正通
守鶴和尚

# 30

## 同心円上を旅せよ！

今回のミッションは、在来線に乗って、本州最南端を目指すこと。子どもたちに事前に告げられていたのは、3泊4日分の荷物、1日1万2000円の予算（交通費・宿泊費含む）、そして集合場所と時間のみ。彼らは知るよしもないが、実は「東グループ」の東京駅と「西グループ」の九州・宮崎駅の2カ所に分かれて集合することになっている。各駅ではスタッフが待ち構え、子どもたちのスマートフォンを回収すると、今回の目的地を発表する。掲げられた紙には「潮岬（しおの）」の文字。「どこだろう？」と声が上がるが、和歌山県にある本州最南端の岬だ。東西それぞれ在来線のみを使うルールで、いざ出発！

西グループの初日の目標地点は、北へ約340km離れた福岡・小倉。新幹線を使えば4時間ほどの道のりも、在来線は乗り換えが4回、移動時間は14時間超だ。午前中に出発したが、小倉に到着したころにはすっかり夜に。2日目は、大阪駅へ。乗り換え7回、11時間超えの旅路をまた進む。しかし、到着直前、宿泊先の手配を忘れて

おそれいります
切手を
お貼りください

郵便はがき

〒540-0031

大阪市中央区北浜東1-29 5F

株式会社 どく社 編輯室 行

フリガナ

ご氏名

ご年齢

フリガナ

ご住所 〒

お電話番号 （ ）

e-mail（新刊・イベント情報などのお知らせをご希望の方は、ご記入ください）

あなたはどんな「読者」ですか？（ex. 郷土玩具にハマっている包丁職人／映画好きの販売員など）

好きな本のジャンル

♪ご記入いただいた個人情報は、今後の出版物の参考としてのみ利用し、その他の目的では使用いたしません。

ハニどく社

この本の名前

お買い上げのお店　　所在地

何がきっかけで手にとりましたか？

この本へのご意見・ご感想をお願いします。

♪お寄せいただいたご意見・ご感想は個人情報を伏せて書籍のPRや広告に利用させていただくことがございます。

これからどんな本があれば読みたいですか？

1,320円もおトク!
4%引
1,200円もおトク!

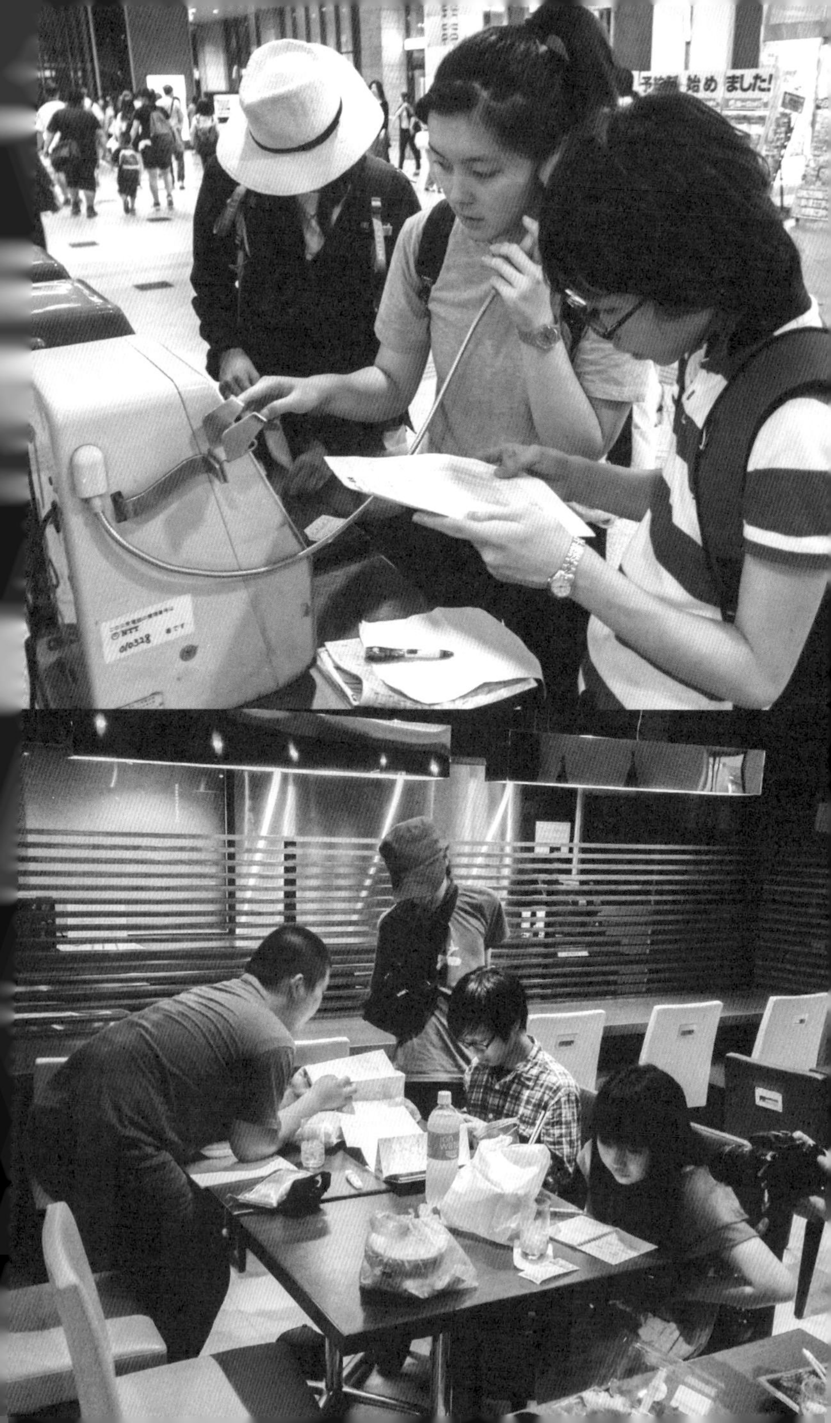
始め ました!

いたことが発覚。午後6時ごろに到着すると、子どもたちは観光センターで宿を調べ、片っ端からあたることに。ところが、予算内におさまる宿がなかなか見つからない。4時間かけてようやく心斎橋のホテルを予約し、さらに1時間歩いてたどり着いた。

一方、東グループは、初日に東京から約260km離れた浜松へ、2日目の夜には和歌山に入り、ゴール手前の新宮までたどり着くというスムーズな足取り。潮岬到着前に、まちを散策したり、海岸に足を延ばしたりと、旅気分を満喫する余裕ぶりだ。

出発から4日目、東西両グループはそれぞれ潮岬に到着し、ようやく顔を合わせた。「えー！ お前ら、どこから来たの？」「東京！」「俺たち宮崎から4日もかかって大変だったよ」「え？ 俺たち2日目には着いてたよ」と、両グループの子どもたちは会話をはじめる。ディレクターは、彼らの顔を見ながら話す。「東京も宮崎もここまでの直線距離は約440kmでほぼ同じだ。でも、移動時間は、西から向かうほうが2倍。交通網の整備状況の違いで、こんなに距離の感覚が大きく変わってしまうんだ」

「同心円上の旅（東・西）」より

# 31

## やりたいことを申請せよ！

ＲＯＣＫＥＴには、子どもたちがやりたいことを支援・実現するための申請制度がある。もちろん、ただ夢を語ればいいというわけではない。実現にかかる費用や日数、実行することでどんな成果が得られるのかを自分の力で説得することが求められる。これは、起業家が投資家を相手にビジネスプランをプレゼンテーションし、資金調達するのと同じプロセスだ。ある子どもは、沖縄の宮古島と石垣島の生物相を比較するフィールドワークを申請。近くにあるのに、淡水の多い石垣島と少ない宮古島では棲息する生き物が違うことを事前調査し、２泊３日の観察旅行を実現させた。また、ある子どもは、キノコの研究のために高性能な顕微鏡を手に入れた。なかなか採択されなくても、南極への船旅にあこがれ、申請理由を探し続ける子どもや、「文字が書きたくてつくりたくて仕方がない」と、フォント構築のために独自の書体で何十枚もの申請書を提出し続ける子どももいる。その執拗さが、人の心を動かすのだ。

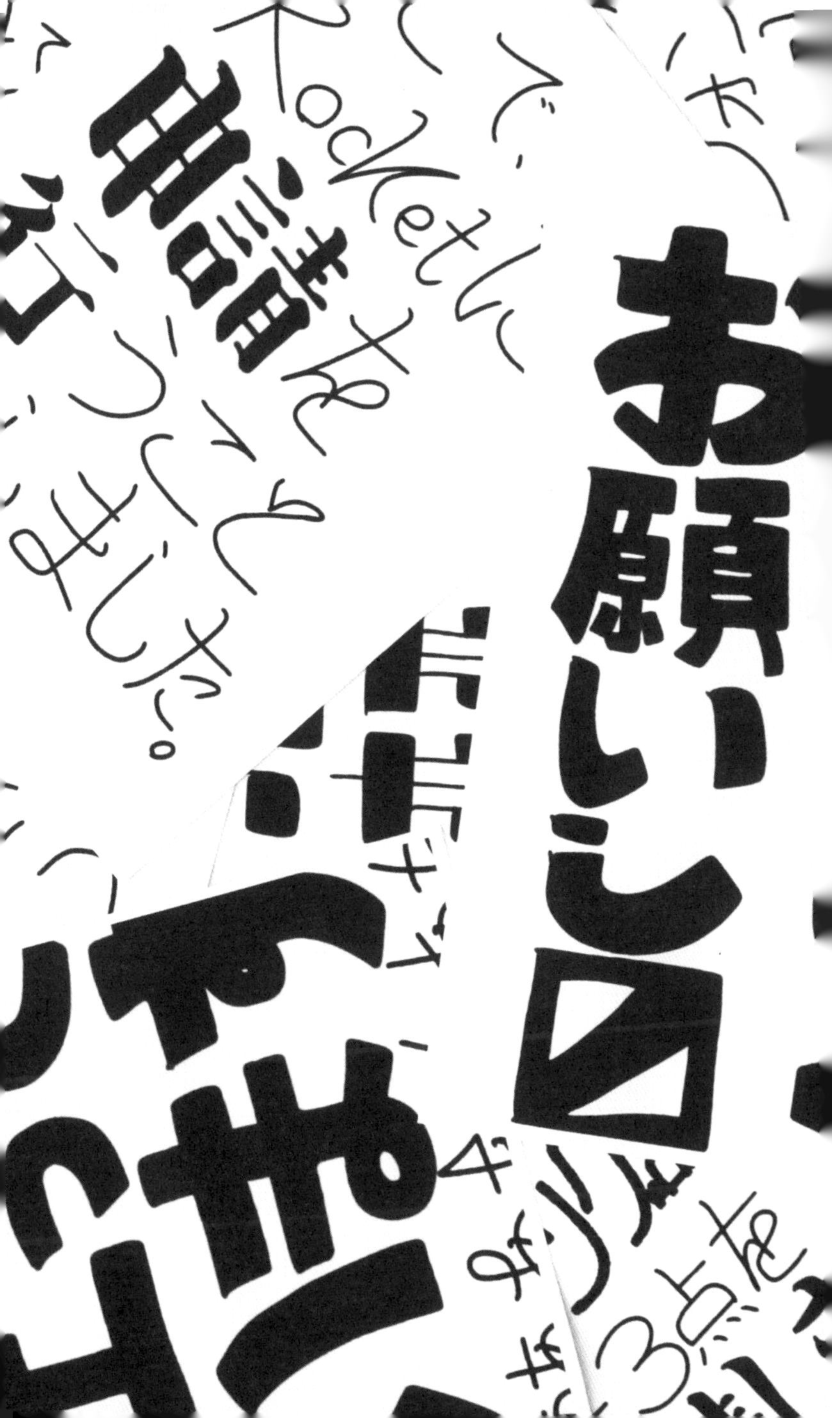
Rocketに
お願いし

50のミッション

# 32

## 次の数式を筆算で小数点以下第8位まで求めよ！

1÷81＝

2016－2017年度コンセプトブックより

# 「話すことはできるはずなのに、孤独でつまらなかった」

**東京大学教授・バリアフリー研究者　福島智さん**

「(母が指点字で) 最初に打ったのは、『さとし、わかるか』という言葉でした。(点字) タイプライターのイメージで、(母が自分の) 指にタッチした。それがたまたま読めたんです」

約40年前、「指点字」が生まれた瞬間を福島智さんはそう振り返る。福島さんは世界初の盲ろうの大学教授として知られるバリアフリー研究者だ。点字は縦3点、横2点の6つの点の組み合わせで、あらゆる文字や数字を表現する。この原理を応用した、指先を使ったサインが「指点字」で、福島さんと母・令子さんとの偶然のやりとりから生まれ、革新的なコミュニケーション手法として世の中に広がった。

福島さんは9歳で視力、18歳で聴力を失った。人とコミュニケーションができないことは、「つまらない」ことだと福島さんは繰り返す。盲学校の友だちとも指点字で話すことで、圧倒的に世界が広がった。だが、「指点字があるから、話すことはできるはずなのに、孤独でつまらなかった」と福島さんは語る。「周囲の話に自分は溶け込めず、落ち込んでいった」と。

「指で話しかけに来てくれる人がいても、僕は話している相手の言葉しか読めない。しかも、5分か10分すると、その人は、じゃあねと、どこかに行ってしまう。話しに来てくれるのはうれしいけれど、動物園の動物になったみたいで。まわりで誰が何を話しているか、自分のことがどう見られているのかとか、周囲のことがわからない。つまらなかった」

孤独を破る方法として考え出したのが、指点字を使った「通訳」だ。ドラマの脚本のように、発言者を示してから、発言内容を伝えてもらう。話す相手の表情や服装など、周囲の状況も実況してもらうのだという。「サポートを受けることで、僕はやっていけると思った」と語る福島さんの両脇にも、コミュニケーションを支える指点字の通訳者がいる。

全国に盲ろう者は約2万人。日常はまだまだバリアにあふれている。「社会にどう変わってほしいか」という子どもの問いに、福島さんはこう答える。

「(障害を含む)さまざまな条件をもった人たちが、社会で生きていくときに、一つのルールにみんなが合わせるんじゃなくて、一人ひとりの人間に社会が合わせていく。そういう、やわらかい社会になれば、どんな人でも生きやすい社会になっていくと思うんです」

(Top Runner Talk #11「ありのままの生き方」より)

# 「今の子は学校での仮面が重すぎる」

劇作家・演出家　平田オリザさん

劇作家・演出家の平田オリザさんは、演劇を用いてコミュニケーションを学ぶワークショップを国内外で行っている。演劇は古代ギリシアから続く2500年の歴史がある。人とのコミュニケーションは、どうしたらうまく伝わるのか。その探求の歴史でもある。たとえば、「うまい演技は、ムダな動きが適度に入る」と平田さんは言う。練習するほど上達する音楽と違い、「演劇は練習するほど、下手になる」。自然さを生み出すムダな動き「Micro-slip（マイクロ・スリップ）」が次第になくなるのだという。「ただ、何度やっても適度にMicro-slipが入る俳優がいる。これを、うまい俳優と呼んでいる」

平田さんはワークショップを行うなかで、不登校の子どもたちと関わることも多い。演劇は、ロールプレイを通して、子どもたちの居場所をつくりやすいからだ。平田さんは、不登校の子どもは「〝いい子〟だった子が多い」と言い、「いい子を演じるのに疲れた」と口にするのをよく聞くと語る。そして、もう一つよく耳にするのが、「本当の自分はこんなんじゃない」という言葉。

だが、平田さんは、「本当の自分なんて見つかるものではない」と言う。むしろ、「演じ分けられることが、人間を人間たらしめている」のだ、と。「玉ねぎはどこからが玉ねぎで、どこからが皮ということがない。皮の総体が玉ねぎを形成している。人間も同じではないか」

演劇や心理学では、そのことを「ペルソナ（人格、仮面）」と呼ぶ。人間は、いろいろな仮面を使い分けて日々生きている。ただ、「今の子は学校での仮面が重すぎる」と平田さんは指摘する。「今は学校での時間が長い。部活があって、放課後もずっとLINEでつながっていたりする。逃げ場所がない。ずっと同じキャラクターを演じないといけない」

一方、大人は、自らは社会的な役割を演じ分けながらかろうじて生きているのに、子どもたちには「本当の自分を見つけなさい」としばしば言う。平田さんはそんな大人の矛盾は都合のいい嘘にすぎないときっぱり言う。だから、子どもたちよ、騙されてはいけない。「できるなら、いい子を演じるのを楽しむくらいのしたたかさをもってほしい」とエールを送る。

（Top Runner Talk #26「表現する」より）

# 33

## 北海道の大地で、最高の炭をつくれ！

北海道・十勝の原野で出会った朽ちた炭焼き窯（がま）。それを再生し、最高の炭をつくるのが今回のミッション。窯を監修したという、その道70年の名人に教えてほしいとお願いして、現地に通うこと数回。「本気の覚悟があるなら」との条件で、やっと許しが出た。ディレクターが「どのくらいの期間になりますか？」と聞くと、「そんなやつは来なくてもいい」と返すほど、名人は厳しい。3人の中学生とディレクターは、期待と不安を胸に、帯広へ向かった。

窯づくりの現場は、最寄り駅から歩いて1時間かかる山のなか。一行は、現場から30km離れたホテルに前泊した。夕食をとりながら、ディレクターは「明日はなかなかハードな1日になるぞ！」と作業内容を説明する。「体力には自信があります！」と子どもたちはやる気満々。翌日を楽しみに、それぞれ部屋に分かれて眠りにつく。

ところが、集合時間の翌朝8時。フロントにやってきた子どもは一人だけ。「ほかの2人は、まだ寝ているようです」と焦った様子だ。「そうか。それじゃ、僕たちだけで出発しよう！」とディレクターは容赦なく、ホテルを出て足早に歩き出す。「えー！起こさないんですか？」と戸惑いながらも、子どもは後を追う。

現場での作業は、想像以上にきつい。二人で土木工事に汗を流していると、ディレクターの携帯電話が鳴った。ようやく目を覚ました子どもからだ。「すみません、今起きました。どうすればいいでしょうか？」。大寝坊をして置いていかれたことに気づいた子どもは、さすがに慌てている。一方のディレクターは、努めて冷静に「そうか。じゃあ、今からおいで。行き方は、ホテルの人に聞いたらわかるから」と受け答える。その後も、子どもたちから次々と電話がかかってくる。現場への移動手段はタクシーしかなく、彼らは泣く泣く自分の貯金やお小遣いから支払いをし、現場にたどり着いた。もちろん、名人の貴重な話を大幅に聞き逃したのは言うまでもない。その後、子どもたちが二度と遅刻しなくなったのは、怪我の功名だろうか。

「北海道の大地で炭焼き窯を再生し、最高の炭を作れ！」より

# 34

## 真実は人それぞれと理解せよ！

あるとき、ディレクターが、子どもたちの前で催眠術の実験をした。一人の子どもを自分の横に立たせ、「僕の合図で、君の手は上がっていきます」と言うと、その子の肘に手を添える。すると、手はゆっくりと上がり、当の本人も驚きの表情だ。まわりで見ていた子どもたちは、「えー、嘘でしょ。自分で上げてるだけじゃない？」と半信半疑。暗示にかかった子どもは手を上げたまま、「嘘じゃない！」と真剣な顔で言う。今度は、嘘だと言う子どもに暗示をかけるが、手はピクリとも動かない。「ほら。やっぱり嘘だ」と子どもは誇らしげだが、「手が上がる」と答えた子が嘘をついたわけではない。人の心のなかにあるものは、その人にとっては真実だ。ディレクターは問いかける。「人にはいろんな特性があって、自分と同じとは限らない。相手が自分と違うことを言ったら、それは嘘になるのかな？」

「心理学からみたものの見方」より

# 35

## 卵の殻から中身だけ取り出せ！

大きく頑丈なエミューやダチョウの卵、食卓でも馴染みのある鶏卵やうずらの卵が、子どもたちに差し出された。この日は「解剖せずに食す！」と題し、卵の殻の原型をとどめたまま中身を取り出し、親子丼をつくることに挑戦した。一見簡単そうなことも、いざやってみると難しいもの。ある科学好きの子どもは、「ひらめいた！」と紙に卵の断面図を描き、「2カ所に穴を開けるんです。一方から空気を入れたら、もう一つの穴から中身を空気圧で外に出せるんじゃないかな」と仮説を披露するが、実際にやってもうまくいかない。スポイトや注射器で吸い出そうとしたり、細い鉄棒で中身をかき出そうとしたり。適切な道具がないと、作業ははかどらず、試行錯誤を重ねること約8時間。子どもたちはようやく卵の中身を取り出すことができた。それぞれ親子丼をつくって、だいぶ遅めのランチタイム。食べることがかかってくると、子どもたちも真剣だ。夢中になれば、8時間もあっという間に過ぎる。

「解剖せず食す！」より

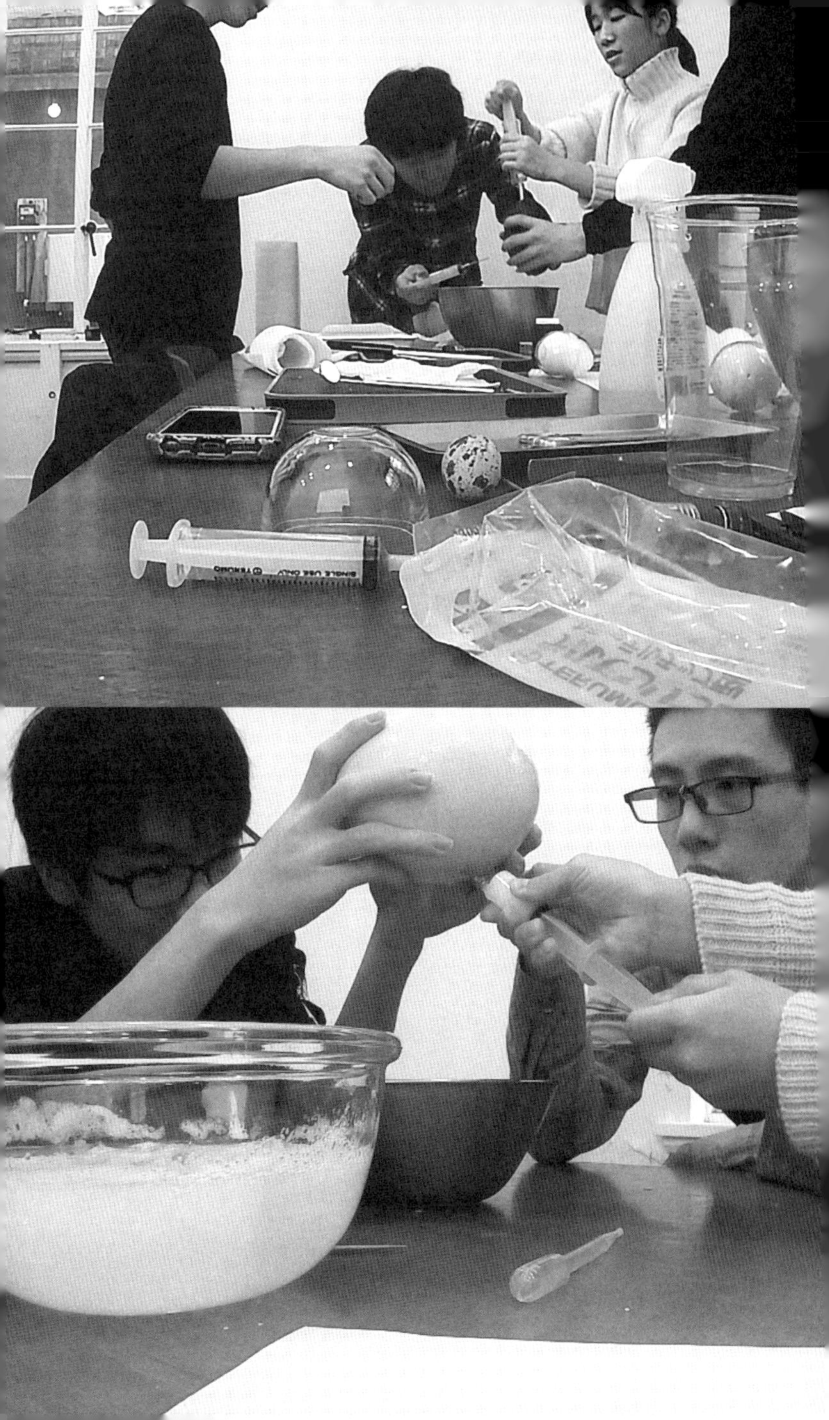

# 36

## 「好き」はとことん追求せよ！

昆虫、鉱物、ロボットなど好きなことを追求するうちに学校で浮いてしまう愛すべき凸凹な子どもたちがROCKETにはたくさん集まっている。そんな彼ら自身が講師となって担当するプログラムもある。たとえば、小学校高学年のキノコ博士は、写真を使って、自身の活動と研究成果を紹介。ほぼ毎日採集活動をして暮らす彼の工夫あふれるスライドは、聴講していた子どもたちをキノコの世界へと惹き込んでいく。「さて、クイズです！ 写真を見て、毒キノコを当ててください」と博士。明らかに怪しそうな毒々しい色のキノコもあれば、真っ白で可憐なキノコもあり、難しい。「やっぱり！」「だまされた！」と会場は盛り上がる。演習では、しめじやエリンギ、しいたけなど身近なキノコをカッターで裂き、かさの形や質感、ひだを観察していく。「好き」を追求する子どもはお互いを尊重する。講義後に「弟子にしてください！」と声をかける子どもの姿もあった。

自治体連携プログラム（渋谷区）「君は毒キノコを見破れるか!?」より

# 37

## 続・北海道の大地で、最高の炭をつくれ！

大寝坊して、炭焼き名人と数時間しか一緒に過ごすことができなかった子どもたち。大失態から半年、「このままでは終われない！」と一人の中学生が立ち上がった。炭焼き修業をリベンジすべく、その子とスタッフは二人で北海道・十勝へと向かったのだった。訪れた1月下旬の十勝は、氷点下20度まで下がる厳しい寒さ。10日もあれば炭焼きは終わるだろうと考えていた彼らだったが、1週間過ぎても窯に火は入らない。雪の降る日は、建材が汚れるので作業をしないのが名人のやり方。そんな日は、窯の雪除けばかりだ。滞在も終盤に差しかかり、焦る子どもに、名人は「炭焼きは、天気と自然を相手にする野良仕事だ」と言う。ROCKETのプログラムは、時間制限なし。学校へ行っていないからこそできる学びもある。覚悟を決めた彼らが自宅に戻ったのは、出発から24日後だった。

「北海道の大地で炭焼き窯を再生し、最高の炭を作れ！」より

# 38

## 鳥居を探し、分類せよ！

この日のお題「鳥居を探し、分類せよ！」が告げられるや否や、子どもたちの携帯電話とタブレットなどの電子機器は没収された。代わりに渡されたのは、スケッチブックと鉛筆だ。「できるだけ多くの鳥居をスケッチしてくるように」と指示を受け、全国各地から東京に集まった、土地勘のない子どもたちがまちなかへと放たれた。インターネットで検索もできず、鳥居がどこにあるのかあてはない。彷徨い歩いた彼らが戻ったのは、すっかり日が暮れた夕刻だった。30枚ほど集まったスケッチブックを眺めながら、子どもたちは鳥居の分類をようやくはじめる。しばらくすると、「2種類だ！」と声が上がる。たしかに、鳥居には「神明型」「明神型」があると言われている。だが、本当なのか？　ディレクターは「今日はたった数時間、東京の一部のエリアしか調べていない。それに北海道から沖縄まで調べてみないと、本当に2種類しかないのかどうかはわからないな」と言い放つ。もっともな発言に、子どもたちは言葉を失った。

「Xを探せ！」より

天野屋
神田明神
鳥居を探せ
・インターネットで地図や鳥居等を検索する事は禁止
・カメラの使用は禁止
・食事代と電車代で使えるお金は1000円を上限とする
・人に聞く事が最大の情報収集手段かも…

# 39

## 思い通りにならない自然と向き合え！

昆布はおにぎりの具や出汁などに使う身近な食材だが、どのようにして食卓まで届くのか？　その問いをひもとくべく、3人の中学生が、北海道の昆布漁師のもとに3日間の研修にやってきた。昆布漁は、夏の数カ月の収入がほぼ1年間の収入となる。まさに命がけの期間にお邪魔することになった。昆布漁のはじまりは早朝。船を出して数時間後、昼になると船は港へ戻ってくる。作業に合流した子どもたちは、船上に山盛りになった昆布を見て目を丸くした。さっそく待っていたのは、それらをトラックで作業場に運び、砂利の上に干す作業。昆布は、子どもたちの背丈をゆうに超す長さだ。水分を含んだ昆布はずっしりと重く、彼らの息はすぐに上がるのに、漁師たちは軽々と運ぶ。その後、6、7時間かけて乾燥機にかけ、ひもで結んで束をつくる。翌日から漁に参加できる予定だったが、濃霧が晴れない。結局、子どもたちは1日も海に出られずじまい。思い通りにならない自然と向き合うことも仕事のリアルだ。

「最高のおぼろ昆布を作れ」より

CARGO CRANE
根室市

# 40

## 世界の中心を探せ！

世界の中心はどこにあるのだろう――大きな荷物を背負った子どもたちが羽田空港に集まった。行き先のわからぬ旅にも慣れた彼らは、「今回は、どこですか？」と余裕の表情で尋ねる。ディレクターから手渡されたチケットには、マレーシアとある。「え？ 世界の中心なのに？」と予想を裏切られた表情の子どもたち。首都クアラルンプールへと向けて、旅がはじまった。

アジアの国々では移動手段として格安タクシーがよく使われるが、ここでは見当たらない。現地の人はスマホを使って、乗用車を呼び寄せていることに気づく子どもたち。それは「Grab（グラブ）」というアプリで、車を手配し相乗りできるシェアサービスだという。まちを歩くと、このサービスの看板だらけ。現地に着くまで「マレーシアが世界の中心？」と、どこか見下していた子どもたち。だが、経済大国であるはずの日本にこんな便利なサービスはない。規制のゆるさを背景に、日本よりはるかにＩＴ化が進んでいるのだ。経済の中心に近いのは、どちらだろう？

さらに一行は、近世にマラッカ王国が栄えた海峡にも足を延ばす。約５００年前に貿易の要所だったこの地は、一見すればかつての歴史を物語る古都にすぎない。しかし、丘の上に登ると風景がひらけ、海上に大型タンカーが行き来するのが見渡せる。海運という視点から見れば、ここもまた世界の中心なのだ。

最終的に、この旅でめぐった国は5カ国に及んだ。ビジネスや教育の分野でめざましく発展する都市国家シンガポール。主力エネルギーが石炭だった時代に工業都市として栄えたドイツのエッセン。行政サービスのデジタル化などでＩＴ大国と呼ばれるエストニアの首都タリン。最後は、世界の金融の中心地、アメリカのニューヨーク──まちを渡り歩けば、さまざまな顔で「中心」は現れる。子どもたちは、それを肌で学ぶこととなった。

「世界の中心はどこか!?」（マレーシア、シンガポール、ドイツ、エストニア、アメリカ）より

Grab
A perfect fit
for group travellers
6 Seater
Download Grab now
WELCOME TO KLIA
Grab
KEE
KIM SOYA

# 41

## 思い出の車を再生せよ!

ある日、「25年前のMINI(BMWの自動車ブランド)を譲るので、レストア(修理)してみない?」という話が、ROCKETに舞い込んだ。しかも、MINIの修理を専門に手がけるメカニック・堀井剛さんから教わることができるという。我こそは!と手を挙げたのは、工学や車好きの子どもたち。自分の知識が生かせるチャンスに、喜びが隠せない。「キャブレターも分解できるのかな?」「ディストリビュータがどうなってるのかも気になるよな」と技術的な会話も弾む。

数カ月後、栃木県那須高原で、MINIと対面した子どもたち。錆びつきくすんだMINIは、もうエンジンもかからない状態。まずは堀井さんの指示のもと、パーツをはずし、その原因を探る。しかし、いざ取りかかってみると、ネジのはずし方一つわからず、右往左往する子どもたち。修理は推理。部品と構造の関係をひもとき、状態を把握していくエンジニアの姿は、探偵のよう。圧倒的な技術力を目の当たりにし、子どもたちは鼻っ柱をへし折られた気分で初日を終えた。

悔しい想いを胸に、子どもたちは、次回に向けて、構造やパーツ、部品の名称、サイズを徹底的に暗記することに。また、車のなかでもMINIは特に部品が細かく、パーツの把握も求められる。前提となる知識がないことには、意思疎通さえも図れないのだ。ここから、彼らの長い奮闘がはじまった。たびたび那須に足を運び、ドアパネルの補修、エンジンの分解、タイヤのサスペンションの交換……と、指先を油で黒く汚す子どもたち。難解な構造に頭を悩ませながらも、じっくりと時間を費やし、一つひとつ作業を進めていった。

那須に通うこと2年、ようやくレストアが完了。お披露目のために東京大学に駆けつけたMINIは、見違える姿だ。車体はぴかぴか、エンジン音の唸りに歓声が上がる。見学に訪れた大人たちに囲まれ、修理の過程を説明する子どもたちの姿は、まるで小さなエンジニアだった。

「車のレストア」、「レストアミニがやってくる!」、「車を自分の車にするには―世の中の仕組みを知る―」、5カ年報告会「僕らは、今、昔の学びをやって、未来を考えた」より

# 42

## 火山岩から砂をつくれ！

熊本県南阿蘇村との自治体連携プログラムで、地元の小中学生とROCKETの子どもたちが訪れたのは阿蘇山。当たり前にある身近なものの成り立ちは、案外知らないもの。そこで、火山岩から砂をつくってみる、というのが今回の取り組みだ。現地の専門家と阿蘇山の周辺を歩き、火山活動や地層の話を聞きながら、砂にしやすそうな岩を探す。岩と言っても、色も素材も火山からの距離によって、まったく違うことを専門家から学ぶ。採集した岩を持ち帰ると、いよいよ砂づくりに挑戦だ。岩は地面に打ちつけるのと同時にハンマーで叩くと、実は簡単に砕ける。だが、それだけでは尖っていて砂にはならない。丸くて均質な砂は、川の浸食作用でできるのだ。そこで、ペットボトルに水と一緒に入れて振ってみる。2時間ほどでも、岩の角は取れて丸くなる。実際は、風化や浸食など自然の力を借りながら、長い年月をかけて砂はできていく。地学のプロセスを手で学ぶ1日となった。

自治体連携プログラム（熊本県南阿蘇村）「火山は知識の宝庫」より

# 43

## 養老先生とトリュフを探せ！

「小田原の森でトリュフを探す」というミッションをともにしたのは、ROCKETと関わりの長い解剖学者の養老孟司さん。その日は、誕生日なのに駆けつけてくれた。集まったのは、鉱物・地質好き、ダンゴムシ好き、キノコ好きなど、「好き」を突き詰める子どもたち。「先生をお祝いしてあげよう！」と意気込んでいる。さっそく森に入り、トリュフ探しだ！と思いきや、子どもたちは「わー、この石は！」「あ、ダンゴムシ！」と、森の探索をはじめる。そこに、「ゾウムシがたくさんいるはず」と、虫を愛してやまない養老先生が加わり、トリュフそっちのけの展開に。とはいえ、最終的には大収穫で、昼食会場のレストランのシェフが驚くほど。おいしく調理されたトリュフが並び、誕生会がはじまる。「好き」を突き詰めた者同士、年齢や立場を超えて心は通じ合う。子どもと元・子どもの話は尽きずに延々と続いていく。

「養老先生と◯◯を探せ―君は森の中で生きる知恵があるか」より

# 44

# インドのエネルギーの源をたどれ！

「原材料・製品からエネルギー問題を考える旅」というタイトルのみで、参加者を募った今回の旅。行き先も何をするかもわからないまま、科学に関心のある子どもたちが、成田空港に集まった。ディレクターから行き先が告げられる。インドのムンバイだ。子どもたちにとっては、はじめてのインド。飛行機では、「貧しい国」「おなかを壊しそう」とそれぞれにイメージを語った。

しかし初日の夜、そのイメージはすっかり覆される。彼らが泊まったホテルは、五つ星で贅沢づくし。翌日は、カーストの最下層の人たちがイノベーションを起こしている現場に立ち会い、先入観が打ち砕かれていく。

子どもたちは、エネルギー問題とは再生可能エネルギーのことと思い込み、訪問する先々で関係する「原料」「製品」「エネルギー」を探すが、一向にそれらしきものは見つからない。一方、行く先々では非日常的な体験が待ち受けている。プランテーションの一帯に佇む、美しい保養施設で王族気分を味わったかと思えば、今度はまちの至るところに犬の糞尿やゴミがあり、いかにも怪しげな人たちがたむろする安宿に泊まる。ヒンドゥー教、イスラム教、シク教、仏教など、さまざまな宗教の信者に会い、異なる宗教観を直接学ぶ。

旅の終盤では、ガンジス川のほとりで、人生の最期を迎えるために集まった人たちの死の瞬間に立ち会った。あたりで焼かれた死体が煙となって天に昇っていく光景、灰になって川に流れていく様子、そこで沐浴しながら生きている人びとの姿……、生死について考えないわけにはいかない。

目の前で次々と起こる非現実的とも思える出来事に、「疲れた。帰りたい」と嘆きはじめる子どもたち。「どうして?」とディレクターが聞くと、「人がいっぱいで疲れる」と言う。過酷な環境にいるはずの現地の人びとは、いつも生命力にあふれている。インドのエネルギーは人にあると、子どもたちは気づいた。

「原材料・製品からエネルギー問題を考える旅」(インド)より

# やってみて、どうだった？

## ―子どもたちの感想文より―

……エネルギーというのは、関係の糸のことを言うことに気がついてしまった。つまり目に見えないからといって、物の間に何か働いているなら、それがエネルギーだということだ。だから人びとは用意してもらった使いやすいエネルギーしか使わないために、エネルギーとは何かを感じられないでいる、今使っているペットボトルが微生物の死骸からできていることなど想像もつかないように、海底に溜まった腐った微生物のドロドロになった臭い液体で空を飛んだり巨大な重機を動かしたりできるのだ。つまりエネルギーじゃないと思われている物は、使う術がなかったり人がそれを使えることに気づいていないということなのだ。（中略）人間は、五感や経験から頭や知識を駆使することで入ってきた何倍もの大きさの物を生んだり、新たな概念を生んだりできてしまう。（Hさん／17歳）

---

……日本には「過労死（Karoushi）」という単語があります。英語圏では一般的に“death from overwork”という表現が用いられますが、過労死そのものを表す単語はありません。なぜなら、「働きすぎて死ぬ」という発想がまずないから。そのようなことが起こっている日本では、目が死んでいくのも当たり前だと思います。私は、一般的に言われるエネルギー問題、石油や天然ガス､再生可能エネルギーなどそのあたりに関しては、よくわからないし、あまり興味もありませんが、インドの人びとの目の輝きやインドの人びとからあふれ出るパワーというか、エネルギーはわかりました。（中略）エネルギーという言葉は抽象的である。だからこそ、その言葉の幅を広げられる大いなる可能性を秘めていると私は思う。（中略）抽象的だからこそ、それだけ何にでもなれる、何にでも変われる。（Iさん／16歳）

※参加したスカラー候補生の感想文より抜粋

# 「スカイツリー建てに東京行く言うたら、散々馬鹿にされた」

鳶職人　多湖弘明さん

「同じ『やる』なら、頂点を目指したいと思いませんか?」

多湖弘明さんが問いかける。多湖さん自身が目指した頂点は、高層建築を支える鳶職人の世界、そして電波塔として世界一の高さ634mを誇る東京スカイツリーの建設だ。

多湖さんが鳶をはじめたのは、18歳のころ。バイク事故で大ケガをし、リハビリをかねてはじめたアルバイトだったという。転機は、27、28歳のころだ。職人として一人前となったが、このまま鳶を続けるか、将来を悩んだ。そこで出した答えが、「やるなら頂点を目指す」。そのころ、ちょうど耳にしたのが、「世界一」を目指す東京スカイツリー建設の話だった。

だが、2000年代初頭の当時はどの会社が建設に関わるかなど詳細は不明。そこで多湖さんは大阪から上京すると、まずは大工事を行うことのできる会社にあたりをつけ潜り込む。

そして、着工の5年以上前には目星をつけた会社に転職し、2008年、実際に建設に携わることになる。多湖さんはその道のりを「スカイツリー建てに東京行く言うたら、みんなに散々馬鹿にされた」と振り返る。「お前どないしたん、変なものでも食ったんか」とさえ言われた、と。

だが、東京での10年、多湖さんは現場で「頂点」を目指し続けていた。スカイツリー建設で任されたのは、高層建築の鉄骨を組み立てる難易度の高い仕事のなかでも、一番の花形である「無線持ち」。クレーンで鉄骨を組む現場を取り仕切る仕事だ。スカイツリーの高さが東京タワーを超えたことがニュースで伝わると、携帯電話が一日中鳴り止まなかった。

「『多湖ちゃん（スカイツリーに）行ってんのやろ。すげえな』って。『お前らも俺と一緒に歴史を刻め！』って、誰も見たことがない上からの写真を送ったりして。そうしたら、『おめでとう』『自分のことのようにうれしいわ』って。こんな感動、金では買えない」

多湖さんは鳶の視点から見える世界を、写真や展示などを通じて伝えている。かつてのような迷いはもうない。多湖さんは言う。

「未来をつくると思うとしんどい。頑張らないとあかん、と。そうじゃないんですよ。実際は、（未来は）選択の連続なんですよね。自分が選ぶことで、新しい未来がどんどん切り拓かれていく。そう思うと、気が楽になる。未来も明るい。楽しい人生やなと思いますね」

（Top Runner Talk #7「鳶　上空数百メートルを駆ける職人のひみつ」より）

# 「本当に本気でやっているのは、虫のこと」

解剖学者　養老孟司さん

解剖学者の養老孟司さんが、「そもそも――」と問いかける。生きていることと、死んでいることの境目とは、なんだろう。「医者が死亡診断書を書けば、死んだことになるんです」と言って、養老さんは笑う。そして、生きているか、死んでいるか、その境目にあるのは、実は「言葉」だと養老さんは続ける。「言葉はものごとを切りとる性質をもっている」と。

たとえば、消化管は一本の管だが、食道、胃、腸に分けられ、腸はさらに小腸、大腸……と細分化できる。しかし、実際は、境界は曖昧で、食道に胃の粘膜が散らばっていたりする。その境目をつくるのが言葉にほかならない。「生きている、死んでいるというのははっきり区別ができると思っているかもしれないけど、簡単なことではないんです」

人は生まれて、死ぬ。その境目だけでなく、「人」とは何を指すのかも、時代や社会によって変わる。ユダヤ人社会では死人も人とされ、日本では世間が人を定義し、その人とは「五体満足」を指してきたという。世界的に共通するのが、誕生や死といった「自然」に属する事柄の扱い。人は自然を意識化しコントロール下に置くことで、都市化を進めてきたが、そのなかで、人は自然に属する事柄を差別し、押しやってきたと養老さんは語る。

その延長線上に、現代社会は「生身の人間がいらない社会をつくり続けている」と養老さんは警鐘を鳴らす。銀行に行けば、明らかに本人がいても本人確認が求められ、病院では医者が患者の顔より検査の結果を見て診療を行う——そんな社会が当たり前になっている。人間よりデータが重視され、生身の人間は置き去りになる。その社会に危うさはないか。

「人とは何か。今の世界ではノイズだと言うんです。子どもってノイズの塊じゃないですか。ここで（ROCKETが）やろうとしている教育は、そのノイズを拾っているんです」

博学多識で知られる養老さんだが、「本当に本気でやっているのは、虫のこと」だと話す。ただ、その楽しさは「言葉にはならない」。だから他人に伝えようがないし、伝えようとも思わない。養老さんはそう言いながらも、少年のように目を輝かせて言う。「そういう時間こそが、人生のなかで一番ハッピーだ」と。

（Top Runner Talk #39「バカの壁を崩せ！」より）

## トップランナーによる名語録

意志をもった楽観力が
大事だと思うんだよね

社会起業家　小林りんさん

自分を楽しく
幸せにすることが、
人の幸せをつくることに
つながるかもしれない

実業家　西山浩平さん

合わない靴を履き続けると
靴ずれをしてしまう。
自分に合わないことを
やり続けると……

タレント・女優　サヘル・ローズさん

もうダメだ……と
思ってからが勝負。
「これが己の限界か？」と
自分に聞いてみて

パフォーマンスアーティスト
サカクラカツミさん

異なる言葉や思想を
人間は渡り歩きながら
生きるんだなぁと
思ったんですね

イスラーム研究家　池内恵さん

やっぱりおもしろくないと
やってらんないです

ドローンレーサー　高梨智樹さん

自分を扱うことって
なんて難しいんだろう

スポーツコメンテーター　為末大さん

見方というのは
意識的に
変えることができる

認知心理学者　渡邊克巳さん

好きなことを
追求しながら、
自分なりのルールをつくる

衣服標本家　長谷川彰良さん

やった！
僕、ラッキー！

ピアニスト　西川悟平さん

自分の「好き」を
開花させたいなら、
成長できる環境を
見つけること

ロボットエンジニア　松村礼央さん

自由を語るのは簡単。
でも実はすごく大変なこと

東京フィルハーモニー交響楽団
コンサートマスター　近藤薫さん

未来から逆算して
考えるなら、ルールを
つくってしまえばいい

眼科医　高橋政代さん

個性豊かに、
幸せを感じて
暮らしていけるように

スポーツ指導者・アントラージュ
杉山芙沙子さん

# 45

## 文学作品の世界を「灯り」の違いから感じとれ!

歴史的な文学作品のなかには、しばしば「美しい灯り」が描かれるが、そもそもその灯りは現代のものと同じではない。その時代の灯りはどんな美しさだったのだろうか。文学好きの子どもたちがやってきたのは、岩手県一関市にある、江戸時代末期に建てられた茅葺屋根の古民家だ。その土間で、平安時代と江戸時代の灯りをつくる。灯心となるこよりを準備して、小皿に油を注ぐ。一つは薄く黄味がかった液体で、もう一つは透明だ。黄味がかったほうのこよりに火を灯すと、甘い香りが立ち込めた。次に、透明な液体に火を灯すと……、子どもたちは「焼き魚?」「臭い」と口々に言う。甘い香りがしたのは、平安時代に貴族が用いた椿油。焼き魚のような生臭い匂いがしたのは、江戸時代に庶民が使った鰯油だ。どちらの光もか細く、火元に近いごく狭い範囲を照らすだけ。相手の表情も部屋のすみも見えない。これを知る前と後では、文学作品の見え方ががらりと変わる。

「文学と歴史と灯」より

# 46

## すみからすみまで違いを見尽くせ！

1週間の旅支度をした子どもたちが成田空港に集まった。ディレクターから、航空チケットが手渡され、行き先はネパールであることを知る。今回は、食生活から日用品、社会制度まで、あらゆるものを見比べ、日本とネパールという、まったく異なる二つの国の違いと共通点を探すというのが旅のミッションだ。

国土の83％が山岳・丘陵地帯で経済発展から取り残されたネパールは、アジアの最貧国の一つ。首都カトマンズを訪ねると、黒い排気ガスを出しながらおんぼろの車が土ぼこりを立てて走っている。道路や上下水道などのインフラが整っておらず、路地には、腐った水の匂いが立ち込める。魚屋の店先でハエのたかる魚を見て、「あれ、食べても大丈夫なんですかね」と日本とのあまりの違いに苦笑いする子どももいた。

滞在3日目は、世界遺産の古都・バクタプルへ。100年前の暮らしが残る美しい村で、日本ではすでに失われた昔ながらの地域コミュニティが今も機能することを学ぶ。その一方、川は汚く、まちじゅうにゴミがあふれ返っている。通りを散策していると、家の前にたらいを置いて洗濯する女性の姿が目に入った。傍らには、日本製の洗剤が置かれている。ある子どもが「へー、ネパールにもあるんだ」とつぶやいた。そこで、子どもたちは近くのスーパーマーケットへ立ち寄ることに。売り場には、見慣れたシャンプーや石鹸、トイレットペーパー、インスタント麺なども並んでいる。生活用品は日本とあまり変わらない。

一方、子どもたちは疑問をもつ。「使った後に出てくる汚水やゴミはどうなるの?」。もしかしたら、ネパールの不衛生な環境は、処理できずに捨てられる汚水やゴミから生まれているのかもしれない。同じものを使っていても、環境が違えば、社会を便利にも、住みにくいものにもする。子どもたちは、カトマンズのまちで見かけた、自然に還らず風化したプラスチックゴミが堆積する風景を思い出した。

「すみからすみへ」(ネパール)より

GLOBAL CLINIC

# 47

## 鉄の神秘を知り尽くせ！

子どもたちが訪れたのは、刀匠・松田次泰さんの刀鍛冶工房。ここで刀鍛冶の技術を教わり、火箸づくりに挑戦する。炉で熱して真っ赤になった鉄の棒を槌で打つ。だが、どれだけ叩いても、彼らの火箸は曲がってしまう。一方、松田さんの手にかかると、約半世紀かけて培われた熟練の技で、瞬く間に美しい箸ができあがる。「美しい刀には魂が宿る。究極の刀は、美を追求した末に生まれる」と語る松田さん。しかし、そんな彼でも刀剣の材料となる「玉鋼」のつくり方はまだわからないという。子どもたちは、彼と共同研究を進める、材料工学の専門家・東京工業大学の村石信二さんと渡邊玄さんも訪ねた。最先端の製鉄技術を長年研究する専門家も、「玉鋼の組成は科学的に未解明。わかっているのは、分子構造に異物が混ざると強度が増すことまで」と語る。どれだけ追求しても目指すところにはまだ到達できないと、刀匠も研究者も口を揃える。何かを極めようとする人たちのゴールはずっと先にあるのだ。

「君は釘を作れるか！―物性の神秘に迫る―」より

# 48

## コンビニでサカナを探して、図鑑をつくれ！

この日の舞台は、渋谷にあるセブン-イレブン。ここでサカナを探して、図鑑をつくる。「コンビニにサカナなんていないよ！」と言う子どもたちに、「まずは、調査からはじめよう！」とディレクターが声をかける。調査は、店内を偵察するチーム、文献で下調べをしてから店へと向かうチームの二手に分かれてはじまった。偵察チームが目をつけたのは、サケの塩焼き弁当。チルド食品棚にあるはんぺんも、原材料表示に「魚肉（タラ等）」がある。一方、下調べチームは、出汁の原料であるカツオに着目。調味料コーナーに棲息していると予想を立てた。結果、子どもたちは計30種のサカナを発見。海や川に生きる魚があちこちに潜むコンビニは、まるで水族館だ。何気なく過ごす日常にも、驚きや発見と出会えるチャンスはある。学習意欲を失った子どもたちには「おもしろい！」と思えるモチベーションを、知識偏重型の子どもたちには思い込みをぶち壊すリアリティを与えるのがROCKETの役割だ。

自治体連携プログラム（渋谷区）「コンビニは水族館 ―サカナを探せ―」より

%付与
当店販売価格
税抜に対して
5%分を付与
すみれ
かに
スミレには、富士海老と蟹が入っています。
感謝を。
3/4

# 49

# 偶然の出会いを大切にせよ!

偶然の出会いにこそ、感動がある。日本の最東端である北海道の納沙布岬を目指す5日間の旅のなかで、子どもたちはそれを目の当たりにした。東京駅を新幹線で出発し、在来線を乗り継ぎながら、3日目には北海道中央部の芽室に到着。宿泊先でたまたま知った東京フィルハーモニー交響楽団のコンサートに赴くことで、旅は予期せぬ方向に進路を変えていく。

4日目、納沙布岬のある道東の根室に向かう電車に揺られていると、途中で見覚えのある人が乗ってきた。子どもたちが声をかけてみると、昨夜の奏者で、日本を代表するヴァイオリニストの近藤薫さんだ。近藤さんも根室に向かうという。楽しく会話をしていると、電車は根室市内の昆布盛という小さな駅に停車。昆布漁のプログラムで昆布に親しみを覚える子どもたちは、好奇心の赴くまま降車してみることに。近藤さんも時間があるからとついていく。だが、外は初夏とはいえ気温が10度を下まわり、海風で体が芯から冷える。次の電車の出発まではまだまだ時間がある。寒さをしのぐ場所はなく、空腹も増す。「休ませてもらえる家を探そう」と近藤さんは言うが、子どもたちは知らない家を訪ねたことなどない。緊張しながら民家のインターホンを鳴らし、「少し休ませてもらえませんか？」と尋ねると、老夫婦が快く迎え入れてくれた。温かいお茶やお菓子でもてなされると、近藤さんはお礼にとヴァイオリンを奏ではじめる。人の優しさに触れられたのは、偶然、進路をはずれたからだ。

最終日にたどり着いた納沙布岬には、近藤さんの仲間の演奏者の姿もあった。近藤さんの旅の目的は、ここで小さな演奏会をひらくことだった。彼は、世界的なチェリスト・指揮者であり、旧ソ連時代に芸術の自由を守ろうと奔走したロシアの音楽家・故ムスティスラフ・ロストロポーヴィチさんを師とする。近藤さんは師とともに、根室での日露友好のコンサートを計画していたが、実現せぬまま、ロストロポーヴィチさんは帰らぬ人となった。果たせなかった約束を果たしに来ていたのだ。近藤さんは海に向かって演奏をはじめる。気迫のこもったヴァイオリンの調べが響く。旅の一部をともにした子どもたちは、何を感じただろうか。

「新幹線で最果てを目指せ」より

## やってみて、どうだった？

### ー子どもたちの感想文よりー

……みんなと一緒に旅をして思ったこと。「あーもう疲れた。一人になりたい」と思うことは一度もありませんでした。途中地点で、旅の仲間が合流するのもおもしろく思えて、また誰かと出会わないかな？と楽しみにしているときもありました。私は団体行動はあまり得意ではないですが、遅れたら自己責任、誰も待ってはくれない、の概念があるおかげで私にとっては居やすい空間でした。私は人のことばかりを気にするので、ヘタに気をつかわなくてもいい空間は、エネルギーを無駄に消費しないから居やすいという意味です。今回のメンバーと5日間一緒に過ごして、情緒不安定なのは自分だけではなく、それぞれいろんな感情のなかにいるのだと知って、少し気持ちが楽になりました。時間は十分にあったのだから、みんなと話しておけばよかったなと後悔しています。（Sさん／15歳）

---

……オーロラタワーにて薫さんの演奏を聴きましたがすごく強烈な魂がこもった演奏でとても素晴らしかったです。他人のことをあれこれ書くのも気が引けるので割愛しますが、ある話を聞いた後だととても感傷的にならずにはいられない素晴らしい演奏でした。私は、奏者の感情や意思は曲に非常に強く影響するということを知りました。とにかく言葉では言い表せないほどの演奏でした。全身の鳥肌が一気に立ち、聞き入ってしまう素晴らしい演奏でした。おそらく私は今後、これほど素晴らしい演奏を聴くことはないでしょう。そして、旅の目的を終えた薫さんたちはここでお別れでした。とても名残惜しかったですがまたいつかどこかで会えることを信じてお別れということになりました。（Hさん／16歳）

※参加したスカラー候補生の感想文より抜粋

# 50

# この本のカバーをはずせ!

ROCKET

# ROCKETの学びをひもとく5つのQ&A

# Q1

## ROCKETって何？

# A1

「Room Of Children with Kokorozashi and Extra-ordinary Talents」の頭文字をとった「ROCKET」は、志と特異（ユニーク）な才能をもった子どもたちの集まる場所です。東京大学先端科学技術研究センター（東大先端研）中邑賢龍研究室と日本財団の共同事業として、2014年にスタートしました。

ROCKETは、学校ではありません。これまでROCKETには、学校教育に馴染めないユニークな子どもたちが集まってきました。小学3年生から中学3年生を対象に参加希望者を公募し、毎年全国から400〜600名の応募がありました。2018年度までの1〜5期生の応募者数の合計は2335名。そこからユニークな子どもたちが選抜され、東京大学に集まってきます。基準となる〝ユニークさ〟は、さまざま。特定の分野に突出した能力があるけれど協調性がない子ども、読み書きに困難を抱え、コミュニケーションのとり方が周囲と異なる子どもなど多様です。1期生15名、2期生13名、3期生32名、4期生32名、5期生33名、2019年度生3名の合計128名を選出。2020年度も8名で進行中です。また、残念ながら選考から漏れた子どもたちとも、さまざまなかたちで交流を続けています。

# Q2

## ROCKETでは、何が学べるの？

# A2

子どもたちの才能を特別な訓練などで育てるのではなく、個性豊かな彼らがつぶされずにその能力を伸ばしていくことを重視しています。子どもたちの特性やニーズに合わせて企画する国内外での研修やプロジェクト、東大先端研での各分野のトップランナーによる講義、ビジネスや心理プログラム、社会課題に関するディスカッションなどプログラムは多様です。さらに、自主的な企画に予算をつける申請制度（厳正なる審査あり）も採用しています。

プロジェクトは大きく、ＡＢＳＬ（Activity Based Subject Learning）とＰＢＬ（Project Based Learning）の二つに分かれます。ＡＢＳＬは、具体的な活動（調理や工作など）をベースにし、教科の学習や知識、技能習得へと広げるアプローチです。ＰＢＬは、ある一つの大きな目標を掲げ、それを達成する試行錯誤の過程でものごとの進め方など実践的に学びます。

緻密に計画されたスキームのようにも見えますが、一つひとつのユニークなプログラムは、子どもたちとの日々のコミュニケーション、旅やプロジェクトを通じた偶然の出会い、スタッフの「おもしろい！」や気づきから生まれています。

# Q3

## エジソンみたいな天才を育てるの？

# A3

「先生、異才は見つかりましたか?」「うちの子は天才なので、将来はハーバード大学やスタンフォード大学に入れたい!」「普通の学校では物足りないから、ROCKETに通わせたい!」など、ROCKETにはたくさんの声が届きます。しかし、残念ながら、ここはエリート教育を行う場所ではありません。明確な目的、短期的な成果を求めがちな社会で、新しい何かを生み出すには「よくわからないけど、おもしろい!」と思えるような、予期せぬ出会いや場が重要だと考えています。

ROCKETが言う「ユニークな子どもたち」のユニークさとは、性格や認知能力に偏りがあるということ。必ずしも「ギフテッド(特殊な才能を授かった子ども)」だけを指すのではありません。さらには、近年耳にする機会も増えた「発達障害」の子どもを対象にした特別支援教育でもないのです。子どもに限らず、人間には誰しも得意、不得意などの凸凹があります。その凹(不得意)を埋めることだけに注力するのではなく、その子がもつ凸(得意)に目を向け、ぐんぐん伸ばしていくことのできる環境づくりが大切です。突き抜けた異才は「育てる」のではなく、「勝手に育つ」がROCKETの考え方です。

# Q4

学校に行かなくてもいいの？

ＲＯＣＫＥＴには、不登校の子どもたちや通常の教室での学びに違和感のある子どもたちが集まっています。しかし、既存の学校や教育を否定するつもりはありません。むしろ、そこで耐えられないほどのストレスを抱えることがない大多数の子どもにとって、学校教育は効率よく必要な知識が身につくシステムです。

一方で、日本中に不登校の子どもが大勢いることも事実です。ＲＯＣＫＥＴを始動した２０１４年時点で、中学校ではクラスに１人、小学校でも学校に１人。現在も、不登校の子どもは年々増加を続けています。

そんな状況を「義務教育なのに、学校に行かないのは悪いことだ」と考える人もいます。しかし、親や行政機関に子どもの教育機会を保障する義務があるのであって、子どもに学校へ行くことを強制しろとは法律には書かれていません。どんな教育であっても、子どもの個性によっては、合わないことが出てくる。一定数の子どもには、学校以外の場所のほうが学びやすいこともあります。学校に行くか否かではなく、教育の機会があるか否か。ＲＯＣＫＥＴでは、今の学校の学びに合わない子どもたちに、自分に合った学びを教えています。

# Q5

「教科書」「時間制限」「目的」「協働」
がないって、どういうこと?

# A5

学校の枠をはずしてみると、どんなことができるかの実験です。
まずは、「教科書なし」。納得がいくまで試行錯誤して、たどり着いた答えには、正解も不正解もありません。もちろん、人と比べる必要もなくなります。
次に、「時間制限なし」。子どもたちは一人ひとりペースが異なるため、朝からはじめたプログラムも、気がつけば夕刻！ということも多々あります。時間を忘れて深く没頭できることは、その子どもの才能と捉えることもできるはずです。
そして、「目的なし」。突き抜けた異才になるためには、「なんの役に立つの？」という声を吹き飛ばし、「だって、おもしろいから！」と挑む心が必要です。未知や偶然を楽しむため、目的地を示さない旅のプログラムも行います。
最後に、「協働なし」。ＲＯＣＫＥＴには、友だちと群れるより一人が好きという子どもが全国各地から集結します。付かず離れずの距離を保ちながら、それぞれの理想に向かっていく。好きなことで突き抜ければ、自ずと仲間が増えていきます。
そのほか、「自己選択と自己責任」「筋と道理」「人との向き合い方」は、子どもたちが突き抜けていくために必要な生き方のポリシーとして伝えています。

# ROCKETとは何であったか

ROCKETでは、大人が子どもの学びを導くように道を示すのではなく、大人が壁になる教育を目指した。しかし、それは今の時代に逆行するものでもあった。エネルギーあふれる少年・少女の壁になることは、今の若いスタッフにとって容易なことではない。子どもに引きずられ、トラブルが起きないように見守って一緒に歩こうとする。参加した子どもの親も例外ではない。壁となって立ちはだかるよりも、子どもの先を歩いて道を整える親が大半であった。

ROCKETは、子どものユニークさを尊重し自由に進ませる場所のように見えるが、間違った方向に進みそうなら立ちはだかることをポリシーとした。トラブルを生み出すようなことを、なぜあえて行うのかと批判も受ける。しかし、社会を顧（かえり）みないわがままな子どもを育てる気はない。一人で勝手に生きるユニークな子だからこそ、立ち止まらせて議論する場が必要だと考えた。ROCKETをはじめたころ、スタッフとのぶつかり合い、子どもたちの喧嘩、親からのクレームもたくさんあった。ROCKETは、この本で紹介したような温かい笑いだけに包まれた場所ではない。現代の教育の課題を凝縮した、もっと泥臭く人間臭い場であった。

参加する子どもが増えてくると、トラブルもさらに増える。それを回避するように、プログラムを変えていくと次第にスムーズに進むようになっていった。しかし、スムーズにプログラムが進む反面、物足りなさを感じるようになった。一期生の子どもから「ROCKETもマイルドになったな」と言われたことがある。私もそう思った。何事も続けていると、それは知らぬ間に保守的に、マイルドになっていく。

ROCKETは、新しい教育の壮大な社会実験であった。日本財団の支援がなければ、これほど大掛かりな教育プログラムは実施できなかったと言える。5年の区切りとなった成果報告会が終わると同時にCOVID－19が流行しはじめ、我々もオンラインでの活動を余儀なくされた。5年間を振り返ると、才能を発揮して活躍する子も出てきた。大学に入って、ほかの若者と馴染んで生活できるようになった子もいる。そんな子どもたちは、自然とROCKETを離れていく。それでよかったと思う。

ＲＯＣＫＥＴを続けてほしいとの声は今も届くが、積極的に学ぶ優秀な子どもの新しい学びを支援する場も増えてきた。ＲＯＣＫＥＴがはじまって、社会では、突き抜けた子どもを育てようという流れが生まれてきた。ＳＴＥＡＭ教育（科学・技術・ものづくり・芸術・数学を統合的に学習する教育方針）やギフテッド教育という言葉もよく耳にする。しかし、こういった教育の先に、収入格差の拡大があるように感じる。みんな勝ち組に乗ろうと必死になっている気持ちが透けて見える。頑張ることや努力することは大切であるが、子どもはもっと純粋に学びに取り組んだほうがいい。自分の好きなことに能動的に突き進んでいく子どもを支援するという軸をＲＯＣＫＥＴが強調しすぎたのかもしれない。

ＲＯＣＫＥＴには、突き抜けるほどの能力はないが、好きなことを続ける子どもやその親からの問い合わせが多い。また、ひきこもったり、暴れたりしている子も依然として多い。そんな子どもに対しては十分なことができたとは思わない。「成果は上がりましたか？」と問われると「わかりません」と応えるしかない。我々は子どもを変えるだけでなく社会を変えるプログラムを実施してきたつもりである。しかし、まだまだ彼らの未来は見えてこない。親の意識や社会の意識が目的的で効率的であればあるほど、こういった子どもたちは絶望に向かう。

「これからもROCKETは突き抜けた子どもを集めていくのか?」と問われるとそれも一つである。これからは岩陰に隠れて、役に立ちそうもないことをコソコソやっている子でも探して寄り添ってみようと思う。そんな子にも、まずは小さな壁が必要である。小さな壁を超えることが自信になり、大きな壁に挑戦するようになる。

目的を明確にすると気持ちよく仕事は進む。一方、学びまで目的的になると途端につまらなくなる。人生も目的的でなくてもいい。好きで続けていたら人の役に立った。大して役に立つことができなかったけど楽しい日々を送れた。それでいい。効率追求・目的重視の世界だからこそ、つぶされやすい彼らの理解者の一人になろうと思う。そんなことをおもしろがる大人が増えたとき、この社会は変わる。ROCKETについては20年後の評価を待とう。

中邑賢龍

# スタッフリスト

## 異才発掘プロジェクトチーム（東京大学先端科学技術研究センター）

| | | |
|---|---|---|
| ディレクター | | 中邑賢龍（教授） |
| スタッフ | 2014年度 | 赤松裕美（学術支援専門職員） |
| | | 大塚海平（事務補助／～2020年） |
| | | 塩田佳子（学術支援専門職員） |
| | | 新谷清香（学術支援専門職員／～2014年） |
| | | 鈴木容子（学術支援専門職員／～2015年） |
| | | 武長龍樹（特任研究員） |
| | | 村田美和（特任研究員／～2015年） |
| | | 平林ルミ（特任助教） |
| | | 福本愛（学術支援専門職員／～2016年） |
| | | 福本理恵（特任助教／～2020年、協力研究員） |
| | 2015年度 | 田口純子（助教／～2018年） |
| | | 富樫多紀（学術支援専門職員／～2018年） |
| | | 六角美瑠（特任助教／～2018年） |
| | 2016年度 | 丸山拓人（学術支援専門職員／～2018年） |
| | | ライラ・カセム（特任助教） |
| | 2017年度 | 植本久美子（学術支援専門職員／～2017年） |
| | | 橋本和子（学術支援専門職員／～2017年） |
| | | 吉本智子（学術支援専門職員） |
| | 2018年度 | 髙橋麻衣子（講師） |
| | | 福嶋那奈（学術支援専門職員／～2020年） |
| | 2019年度 | 保積雅子（学術支援専門職員／～2019年） |

## アドバイザリーボード・メンバー　※プログラム実施当時の肩書きを記載

岩田真一（元スカイプジャパン代表取締役 未来スケープ代表）
巖淵守（東京大学先端科学技術研究センター准教授）
遠藤謙（株式会社Xiborg代表）
太田裕子（聖徳大学大学院 教授）
神原秀夫（BARAKAN DESIGN代表）
工藤勇一（千代田区立麹町中学校校長）
熊谷晋一郎（東京大学先端科学技術研究センター 准教授）
近藤武夫（東京大学先端科学技術研究センター准教授）
佐藤美晴（オペラ演出家）
杉山美沙子（一般社団法人次世代SMILE協会代表理事）
鈴木康広（武蔵野美術大学造形学部空間デザイン演出学科 准教授）
髙橋智隆（株式会社ロボ・ガレージ 代表取締役社長）
竹内しんぜん（SHINZEN造形研究所 所長）
田中次郎（森の馬小屋 代表）
為末大（株式会社R.project 取締役）
土井善晴（東京大学先端科学技術研究センター客員研究員）
西山浩平（株式会社CUUSOO SYSTEM 代表取締役社長）
三宅琢（株式会社Studio Gift Hands CEO）
油井元太郎（公益社団法人sweet treat311 理事）
養老孟司（解剖学者／東京大学名誉教授）
六角鬼丈（東京藝術大学名誉教授）

## 謝辞（敬称略）※プログラム実施当時の名称を記載

本プロジェクトの実現に向けて、多大なるご助言・ご協力を賜りましたみなさまに心より御礼申し上げます。

共催　日本財団チーム
（笹川陽平　高島友和　沢渡一登　佐治香奈　吉田もも　枡方瑞江）

後援　文部科学省

アドバイザリー　岩田真一　巖淵守　遠藤謙　太田裕子　神原秀夫　工藤勇一　熊谷晋一郎
近藤武夫　佐藤美晴　杉山芙沙子　鈴木康広　高橋智隆　竹内しんぜん
田中次郎　為末大　土井善晴　西山浩平　三宅琢　油井元太郎　六角鬼丈

トップランナー　池内恵　石橋美里　出雲充　伊藤智義　猪子寿之　江崎弘樹　片岡輝　小林真大
小林りん　近藤薫　サカクラカツミ　座光寺正裕　サヘル・ローズ　澤田智洋
高梨智樹　高橋政代　武田双雲　多湖弘明　千葉学　中瀬悠太　西川悟平
西成活裕　西野亮廣　長谷川彰良　檜山敦　平田オリザ　福島智　堀江貴文
松村礼央　山崎直子　湯浅誠　養老孟司　渡邊克巳

連携自治体　群馬県館林市教育委員会　東京都渋谷区教育委員会
広島県教育委員会個別最適な学び担当

協力企業・団体・自治体　アトリエ・リアン　一般社団法人エディブル・スクールヤード・ジャパン
（株）エデュアス　音楽のちから　（株）海洋堂　（株）学研プラス　かみロボット研究室
Garage Top Yard　ギャラリーバーン　（株）キャリアリンク　健一自然農園
工房Te・Te　西條鶴醸造（株）　（株）サタケ　NPO法人山友会
独立行政法人酒類総合研究所　（株）スコップ　スタートバーン（株）　製粉ミュージアム
（株）セブン-イレブン・ジャパン　セララバアド　（株）そごう・西武　田村写真　茅山荘
（株）TBSテレビ　designと　東京大学駒場図書館　雲毛山藤源寺　（株）にしき堂
（株）ニトリホールディングス　公益財団法人日本フィルハーモニー交響楽団
上士幌町立糠平小学校　Nomad白馬　根室市立歯舞小学校　NPO法人ピッキオ
ヒューマンアカデミー（株）　（株）福屋　福山市商店街　福山通運（株）
（株）Flow Tokyo　防衛省海上幕僚監部 広報室 南極観測支援班　（有）本郷林業
松田次泰鍛刀場　MIDORI.so　明珍本舗　向井千秋記念子ども科学館　村上家住宅
公益社団法人MORIUMIUS　森の馬小屋　森ビル（株）　曹洞宗茂林寺
（株）ライジング・フィールド　ルヴァン　小倉屋（株）　長野県軽井沢町教育委員会
広島県東広島市教育委員会　広島県福山市教育委員会　北海道清水町教育委員会
北海道糠平町教育委員会

協力者　浅野敬子　足立真穂　鮎川ぱて　井芹大悟　伊藤史織　エバレット・ブラウン
大石雅夫　大河内直之　太田喜代子　大竹常雄　大津愛梨　大塚敏之
小笠原章富　緒方節子　岡本昌宏　小澤いぶき　金澤真理　金子裕　亀井美咲
河村和紀　キセキミチコ　木下康司　木下園子　草本朋子　久保志穂　久保文明
鞍田崇　黒羽政士　小林貴子　蔡裕立　坂本俊吾　三田智則　施井泰平
鹿野豊　下村今日子　Sharad Rai　Giorgio Bonato　新村太郎　杉山太香典
Sunil Kumar Shakya　竹内守善　竹田地徳　竹村詠美　橘民義　玉利麻紀
田村政実　中村正宏　難波成任　納富恵子　久富隆佑　平石洋介　福田央
福本正　藤田一照　古谷有海　柞山祐一郎　堀田季何　堀口博子　本郷孝雄
本城慎之介　本間・フィル・キャッシュマン　マイケル・スペンサー　正木和夫
松澤幸靖　松田次泰　Matt Bibeau　三石晃生　南典子　宮地充宣　村井信二
本村拓人　柳弘之　山川雅弘　山崎歴舟　山下貴久　山田興一　山田隆英
若林匡久　渡邊玄　渡辺浩

# これまでの実践記録

※『異才発掘プロジェクトROCKET 2014-2019 Report』をもとに作成

| 年 | 実施日 | 終了日 | 学び方 | 活動スタイル | タイトル | 講師 | 協力先 | 都道府県 | 市町村 |
|---|---|---|---|---|---|---|---|---|---|
| 2014 | 12/10 | – | – | ミーティング | オープニングセレモニー＆オリエンテーション | – | – | 東京 | 目黒 |
| | 12/10 | – | – | セミナー | 見学ツアー | – | – | 東京 | 目黒 |
| | 12/10 | – | TRT | セミナー | 1人でロボットを作る意味 | 高橋智隆 | – | 東京 | 目黒 |
| | 12/11 | – | – | 実習 | テクノロジーセミナー | 平林ルミ | – | 東京 | 目黒 |
| 2015 | 2/26 | – | ABL | 探索活動 | 君はこの素材をどう調理するか？ | 福本理恵 | – | 東京 | 目黒 |
| | 2/26 | – | ABL | 実習 | 掃除を通して理屈を学ぶ | 中邑賢龍 | – | 東京 | 目黒 |
| | 2/26 | – | TRT | セミナー | 君は3Dプリンタを知っているか？ | 松村礼央 | – | 東京 | 目黒 |
| | 2/27 | – | TRT | セミナー | 自分流の生き方とは | 為末大 | – | 東京 | 目黒 |
| | 2/27 | – | – | 創作活動 | 3Dプリンタはものづくりを変えるか？ | 松村礼央 | – | 東京 | 目黒 |
| | 2/27 | – | – | 実習 | 人を説得する申請書の書き方 | 各担任 | – | 東京 | 目黒 |
| | 3/21- | – | – | セミナー | ROCKET全国説明会 in 東京 | – | – | 東京 | 目黒 |
| | 3/25 | – | – | セミナー | 仲間とうまく付き合う方法 | 中邑賢龍 | – | 東京 | 目黒 |
| | 3/25 | – | – | 実習 | 離れた仲間とミーティングする方法 Skype for Business | 平林ルミ | Microsoft | 東京 | 目黒 |
| | 3/25 | – | ABL | 実験 | オレンジの球体から世界を見る | 福本理恵 | – | 東京 | 目黒 |
| | 3/26 | – | TRT | セミナー | 数学の力は大統領にも勝る | 西成活裕 | – | 東京 | 目黒 |
| | 3/26 | – | PBL | ミーティング | PBL グループミーティング | 各担任 | – | 東京 | 目黒 |
| | 3/26 | – | – | セミナー | プレゼンテーション入門「人を説得する申請書の書き方」 | 中邑賢龍、平林ルミ | – | 東京 | 目黒 |
| | 4/4 | – | – | セミナー | ROCKET全国説明会 in 名古屋 | – | – | 愛知 | 名古屋 |
| | 4/5 | – | – | セミナー | ROCKET全国説明会 in 札幌 | – | – | 北海道 | 札幌 |
| | 4/12 | – | – | セミナー | ROCKET全国説明会 in 仙台 | – | – | 宮城 | 仙台 |
| | 4/22 | – | ABL | 探索活動 | 先端研に畑を作る | フィル・キャッシュマン | – | 東京 | 目黒 |
| | 4/22 | – | ABL | 創作活動 | エジソンの作った調理器具 | 福本理恵 | – | 東京 | 目黒 |
| | 4/22 | – | ABL | 探索活動 | 科学的な畑作りのためのデータ収集と分析 | フィル・キャッシュマン | – | 東京 | 目黒 |
| | 4/22 | – | PBL | ミーティング | PBL グループミーティング | 各担任 | – | 東京 | 目黒 |
| | 4/23 | – | PBL | ミーティング | PBL グループミーティング | 各担任 | – | 東京 | 目黒 |
| | 4/23 | – | TRT | セミナー | ゼローなにもない自分に小さなイチを足していく | 堀江貴文 | – | 東京 | 目黒 |
| | 4/23 | – | – | セミナー | 人の心のデータを集める | 中邑賢龍 | – | 東京 | 目黒 |
| | 4/24 | – | ABL | 創作活動 | 3Dプリンターでカップを作ろう | 松村礼央 | – | 東京 | 目黒 |
| | 5/2 | – | – | セミナー | ROCKET全国説明会 in 福岡 | – | – | 福岡 | 福岡 |

2015

| 実施日 | 終了日 | 学び方 | 活動スタイル | タイトル | 講師 | 協力先 | 都道府県 | 市町村 |
|---|---|---|---|---|---|---|---|---|
| 5/9 | – | – | セミナー | ROCKET全国説明会 in 大阪 | – | – | 大阪 | 大阪 |
| 6/4 | – | PBL | ミーティング | PBL グループミーティング | 各担任 | – | 東京 | 目黒 |
| 6/4 | – | TRT | セミナー | 鳶 上空数百メートルを駆ける職人のひみつ | 多湖弘明 | – | 東京 | 目黒 |
| 6/4 | – | – | ミーティング | 現場で学ぶ | 多湖弘明 | – | 東京 | 目黒 |
| 6/9 | 6/12 | PBL | 創作活動 | PBL 椅子「汚れ傷ついたチェアを新品のように再生させよ！」 | 須藤生 | – | 栃木 | 日光 |
| 6/12 | 6/20 | PBL | 創作活動 | PBL 茶「四国の山中にある幻の発酵茶の製法を習い、先端研でつくれ！」 | 小笠原章富、大石雅夫 | 碁石茶農家 | 高知 | 高知 |
| 6/23 | – | ABL | フィールドワーク | パーマカルチャー・ガーデンをつくる：<br>土地を調べる、記録を撮る、窯の構想を考える | フィル・キャッシュマン | – | 東京 | 目黒 |
| 7/1 | – | PBL | 探索活動 | PBL 鹿「北海道の原野で鹿の角を探して、カトラリーをつくれ！」 | 田中次郎 | – | 北海道 | 帯広 |
| 7/9 | – | ABL | 創作活動 | パーマカルチャー・ガーデンをつくる：窯を修復する | フィル・キャッシュマン | – | 東京 | 目黒 |
| 7/9 | – | ABL | 創作活動 | コミュニケーションロボットをつくる：<br>レーザーカッターでロボットの骨組みをつくろう | 松村礼央 | – | 東京 | 目黒 |
| 7/17 | – | ABL | フィールドワーク | パーマカルチャー・ガーデンをつくる：<br>土地を調べる、記録を撮る、窯をデザインする | フィル・キャッシュマン | – | 東京 | 目黒 |
| 7/17 | – | ABL | 創作活動 | コミュニケーションロボットをつくる：<br>3Dプリンタでロボットの部品をつくろう | 松村礼央 | – | 東京 | 目黒 |
| 7/22 | – | TRT | セミナー | 未来を生きる人間の可能性 | 遠藤謙 | – | 東京 | 目黒 |
| 7/22 | – | PBL | ミーティング | PBL グループミーティング | 各担任 | – | 東京 | 目黒 |
| 7/23 | – | ABL | セミナー | English Afternoon salon concert | マイケル・スペンサー＆<br>日本フィル | – | 東京 | 目黒 |
| 7/23 | – | PBL | ミーティング | PBL グループミーティング | 各担任 | – | 東京 | 目黒 |
| 8/6 | – | ABL | 実習 | コミュニケーションロボットをつくる：基本のはんだづけをしよう | 松村礼央 | – | 東京 | 目黒 |
| 8/19 | – | – | 実験 | ABLワークショップ＆保護者会 in 九州 | – | – | 福岡 | 博多 |
| 8/20 | – | ABL | 実習 | コミュニケーションロボットをつくる：ロボットを組み立てよう | 松村礼央 | – | 東京 | 目黒 |
| 8/23 | – | – | 実験 | ABLワークショップ＆保護者会 in 北海道 | – | – | 北海道 | 札幌 |
| 8/24 | – | ABL | 探索活動 | パーマカルチャー・ガーデンをつくる：<br>ガーデンの特徴を捉える、レイズドベッドについて学ぶ、窯を仕上げる | フィル・キャッシュマン | – | 東京 | 目黒 |
| 8/25 | – | ABL | 探索活動 | パーマカルチャー・ガーデンをつくる：<br>ガーデンの特徴を捉える、レイズドベッドをつくる、ピザパーティを開く | フィル・キャッシュマン | – | 東京 | 目黒 |
| 8/25 | – | ABL | 実習 | コミュニケーションロボットをつくる：ロボットをしゃべらせよう | 松村礼央 | – | 東京 | 目黒 |
| 8/26 | – | – | セミナー | 授業の突っ込み方 | 中邑賢龍 | – | 東京 | 目黒 |
| 8/26 | – | PBL | ミーティング | PBL グループミーティング | 各担任 | – | 東京 | 目黒 |
| 8/27 | – | – | セミナー | これからのROCKET | 中邑賢龍 | – | 東京 | 目黒 |
| 8/27 | – | PBL | ミーティング | PBL グループミーティング | 各担任 | – | 東京 | 目黒 |

| 実施日 | 終了日 | 学び方 | 活動スタイル | タイトル | 講師 | 協力先 | 都道府県 | 市町村 |
|---|---|---|---|---|---|---|---|---|
| 8/27 | – | TRT | セミナー | 仕事と遊び、リアルとバーチャル | 猪子寿之 | – | 東京 | 目黒 |
| 9/3 | – | ABL | 創作活動 | コミュニケーションロボットをつくる：ロボットの動きをプログラミングしよう | 松村礼央 | – | 東京 | 目黒 |
| 9/17 | – | ABL | 創作活動 | コミュニケーションロボットをつくる：<br>ロボットを使ったアイデアを考えよう（前編） | – | – | 東京 | 目黒 |
| 9/17 | – | ABL | 創作活動 | コミュニケーションロボットをつくる：<br>ロボットを使ったアイデアを考えよう（後編） | – | – | 東京 | 目黒 |
| 9/29 | – | TRT | セミナー | ありのままの生き方 | 福島智 | – | 東京 | 目黒 |
| 9/29 | – | – | ミーティング | 成果発表会2015 | – | – | 東京 | 目黒 |
| 9/30 | – | PBL | ミーティング | PBLの趣旨説明と報告 | 各担任 | – | 東京 | 目黒 |
| 10/13 | 10/21 | ST | フィールドワーク | 海外研修「カトラリーを探せ」（パリ、ミラノ、ロンドン） | 福本理恵 | – | パリ | |
| 12/7 | – | – | セミナー | ROCKETでの学び方 | 中邑賢龍 | – | ミラノ | |
| 12/7 | – | – | セミナー | 見学ツアー | – | – | ロンドン | |
| 12/7 | – | – | 実習 | ICTリテラシー①「ネット上のルールを学ぶ」 | 近藤武夫 | – | 東京 | 目黒 |
| 12/7 | – | – | セミナー | 親向けオリエンテーション | 赤松裕美 | – | 東京 | 目黒 |
| 12/7 | – | TRT | セミナー | 僕たちのこだわり －二人のアーティストが作品を通して語る－ | 高橋智隆、鈴木康広 | – | 東京 | 目黒 |
| 12/8 | – | – | 実習 | Assistive Technology 特別講義 | 平林ルミ、村田美和 | – | 東京 | 目黒 |
| 12/8 | – | ABL | 探索活動 | 解剖して食す（海老） | 福本理恵 | – | 東京 | 目黒 |
| 12/8 | – | – | 実習 | ICTリテラシー②「セキュリティーについて学ぶ」 | 近藤武夫 | – | 東京 | 目黒 |
| 12/8 | – | – | ミーティング | 申請書の書き方・事務連絡 | 各担任 | – | 東京 | 目黒 |
| 2016 | | | | | | | | |
| 1/11 | 1/12 | – | 実験 | ABLワークショップ＆保護者会 in 霧島 | – | – | 鹿児島 | 霧島 |
| 1/19 | – | ABL | 探索活動 | 君はデジメシを知っているか －ゲーム感覚で料理に挑戦－ | 福本理恵 | – | 東京 | 目黒 |
| 1/19 | – | – | セミナー | コンピュータのデザインは手仕事を超えるか / 鈴木康広 | 鈴木康広 | – | 東京 | 目黒 |
| 1/19 | – | – | セミナー | ROCKETにルールは必要か | 中邑賢龍 | – | 東京 | 目黒 |
| 1/20 | – | ABL | セミナー | ものの見方シリーズ（建築家ver.） | 六角未瑠、田口純子 | – | 東京 | 目黒 |
| 1/20 | – | – | ミーティング | スカラー交流ランチ会：プレゼン・自己紹介 | – | – | 東京 | 目黒 |
| 1/20 | – | TRT | セミナー | 想像と感性 | 六角鬼丈 | – | 東京 | 目黒 |
| 1/20 | – | – | セミナー | ROCKETのコンセプトブックを批判せよ | 中邑賢龍 | – | 東京 | 目黒 |
| 1/20 | – | – | | 個人面談（希望制） | 各担任 | – | 東京 | 目黒 |
| 1/21 | – | – | | 個人面談（希望制） | | – | 東京 | 目黒 |
| 1/29 | 2/30 | ABL | フィールドワーク | 漁師体験を通して、生物とその研究法を学ぶ<br>－6日間の過酷な生活に君は耐えられるか－ | – | モリウミアス | 宮城 | 雄勝 |
| 2/7 | 2/8 | ABL | 探索活動 | オタク学入門<br>－ワンフェス体験とトップクリエイターの話に学ぶもの作りの極意－ | 竹内しんぜん | 海洋堂 | 千葉 | 千葉 |
| 2/8 | – | TRT | セミナー | 好きなことをして生きる | 竹内しんぜん | – | 東京 | 目黒 |

2016

| 実施日 | 終了日 | 学び方 | 活動スタイル | タイトル | 講師 | 協力先 | 都道府県 | 市町村 |
|---|---|---|---|---|---|---|---|---|
| 2/8 | – | ABL | 実習 | 3Dプリンターの基礎を学ぶ | 松村礼央 | – | 東京 | 目黒 |
| 2/9 | – | – | 実習 | 人を説得する文章を書くには | 平林ルミ | – | 東京 | 目黒 |
| 2/9 | – | ABL | 創作活動 | 料理からみたものの見方（カップラーメン） | 福本理恵 | – | 東京 | 目黒 |
| 2/9 | – | – | 実習 | 心理学からみたものの見方 | 中邑賢龍 | – | 東京 | 目黒 |
| 2/21 | 2/22 | ABL | 創作活動 | ロボット作りの発想法　－ブロックを使ったロボット製作体験とロボットクリエイター高橋智隆のロボットトークに学ぶ－ | 高橋智隆 | – | 東京 | 目黒 |
| 2/25 | 2/26 | ABL | 探索活動 | 個別プログラム「冬の海で潮干狩りはできるか！？」 | 中邑賢龍、福本理恵 | – | 北海道 | 然別湖 |
| 3/2 | 3/3 | ABL | 探索活動 | 茶室巡りから歴史の研究法を学ぶ －タイムスリップから見える未来の生活－ | 鞍田崇 | – | 京都 | 京都 |
| 3/7 | – | TRT | セミナー | 人の幸せを作る、その仕組みをビジネスにする | 西山浩平 | – | 東京 | 目黒 |
| 3/7 | – | ABL | 創作活動 | 紙でロボットは作れるか －ワークショップを通して考える－ | かみロボ研 | – | 東京 | 目黒 |
| 3/8 | – | – | セミナー | PBLの紹介 | 中邑賢龍 | – | 東京 | 目黒 |
| 3/8 | – | – | ミーティング | それぞれのSpecial Lunch | – | – | 東京 | 目黒 |
| 3/8 | – | – | ミーティング | PBLの紹介 | – | – | 東京 | 目黒 |
| 3/8 | – | ABL | 実習 | 実践コミュニケーション演習 | 中邑賢龍 | – | 東京 | 目黒 |
| 3/21 | 3/22 | ABL | セミナー | 自分を知るための心理学入門 －学びに自信を失った君たちに－ | 中邑賢龍、福本理恵 | – | 東京 | 目黒 |
| 4/2 | – | – | セミナー | ROCKET全国説明会 in 秋田 | – | – | 秋田 | 秋田 |
| 4/3 | – | – | セミナー | ROCKET全国説明会 in 神戸 | – | – | 兵庫 | 神戸 |
| 4/3 | – | – | セミナー | ROCKET保護者セミナー in 神戸 | – | – | 兵庫 | 神戸 |
| 4/4 | – | – | セミナー | ROCKET全国説明会 in 愛媛 | – | – | 愛媛 | 松山 |
| 4/4 | – | – | セミナー | ROCKET保護者セミナー in 愛媛 | – | – | 愛媛 | 松山 |
| 4/10 | – | – | セミナー | ROCKET全国説明会 in 東京 | – | – | 東京 | 目黒 |
| 4/10 | – | – | セミナー | ROCKET保護者セミナー in 東京 | – | – | 東京 | 目黒 |
| 4/11 | – | ABL | 探索活動 | 美をハンティングする | – | – | 東京 | 目黒 |
| 4/11 | – | ABL | 実習 | 美を測る | 高橋麻衣子 | – | 東京 | 目黒 |
| 4/11 | – | PBL | ミーティング | PBL グループミーティング | – | – | 東京 | 目黒 |
| 4/12 | – | ABL | 実習 | 美を言葉にする | 堀田季何 | – | 東京 | 目黒 |
| 4/12 | – | TRT | セミナー | 僕はミドリムシで世界を救うことに決めました | 出雲充 | – | 東京 | 目黒 |
| 4/25 | 4/26 | ABL | 実習 | 物理学者に聞く数学の活かし方 －君は素粒子物理学に隠された数式を探せるか－ | – | – | 茨城 | 筑波 |
| 4/28 | 4/29 | ABL | 実験 | ABLワークショップ＆保護者会 in 小樽 | – | – | 北海道 | 小樽 |
| 4/29 | – | – | セミナー | ROCKET全国説明会 in 小樽 | – | – | 北海道 | 小樽 |
| 5/8 | – | – | セミナー | ROCKET全国説明会 in 福岡 | – | – | 福岡 | 福岡 |
| 5/8 | – | – | セミナー | ROCKET保護者セミナー in 福岡 | – | – | 福岡 | 福岡 |

| 実施日 | 終了日 | 学び方 | 活動スタイル | タイトル | 講師 | 協力先 | 都道府県 | 市町村 |
|---|---|---|---|---|---|---|---|---|
| 5/11 | – | – | セミナー | ROCKET全国説明会 in 東京 | – | – | 東京 | 東京 |
| 5/16 | – | – | セミナー | 日本の教育・ROCKETの教育はこれでいいのか | 中邑賢龍 | – | 東京 | 目黒 |
| 5/16 | – | TRT | セミナー | 切ることと仕上げることの違い | 江崎弘樹 | – | 東京 | 目黒 |
| 5/16 | – | PBL | ミーティング | PBLグループミーティング | – | – | 東京 | 目黒 |
| 5/17 | – | ABL | 創作活動 | 野菜を仕上げる | 福本理恵 | – | 東京 | 目黒 |
| 5/17 | – | ABL | 創作活動 | 文章を仕上げる | 堀口博子 | – | 東京 | 目黒 |
| 5/17 | – | ABL | 創作活動 | 椅子を仕上げる | 中邑賢龍 | – | 東京 | 目黒 |
| 5/25 | 5/30 | PBL | 探索活動 | PBL旅「最果ての地で現代の日本に失われたものを探せ」 | – | – | 鹿児島 | 枕崎 |
| 5/28 | – | – | セミナー | ROCKET全国説明会 in 東京 | – | – | 東京 | 目黒 |
| 5/28 | – | – | セミナー | ROCKET保護者セミナー in 東京 | – | – | 東京 | 目黒 |
| 6/18 | 6/19 | ABL | 実験 | ABLワークショップ＆保護者会 in 長崎 | – | – | 長崎 | 長崎 |
| 6/29 | 7/3 | PBL | 創作活動 | PBL炭「北海道の大地で炭焼き窯を再生し、最高の炭を作れ！」 | 本郷孝雄、田中次郎 | – | 北海道 | 帯広 |
| 7/11 | – | – | セミナー | 今の世界情勢を議論する | 中邑賢龍 | – | 東京 | 目黒 |
| 7/11 | – | – | ミーティング | スペシャルランチ | – | – | 東京 | 目黒 |
| 7/11 | – | TRT | セミナー | イスラームの世界からみた世界 | 池内恵 | – | 東京 | 目黒 |
| 7/11 | – | ABL | 実習 | ミクロの世界を整理する | 中邑賢龍 | – | 東京 | 目黒 |
| 7/12 | – | PBL | ミーティング | PBLミーティング | – | – | 東京 | 目黒 |
| 7/12 | – | TRT | セミナー | 宇宙飛行士になる勉強法 | 山崎直子 | – | 東京 | 目黒 |
| 8/25 | 8/27 | ABL | 実験 | ABLワークショップ＆保護者会 in 軽井沢 | – | – | 長野 | 軽井沢 |
| 9/1 | 9/8 | ST | 創作活動 | ロンドン・デザイン・ビエンナーレ | 鈴木康広 | – | イギリス | ロンドン |
| 9/26 | – | TRT | セミナー | 多分化を理解した教育に学ぶ －ISAKの教育を通じて－ | 小林りん | – | 東京 | 目黒 |
| 9/26 | – | – | ミーティング | 成果発表会2016 | – | – | 東京 | 目黒 |
| 9/27 | – | – | セミナー | PBL報告会 | – | – | 東京 | 目黒 |
| 10/6 | 10/13 | ST | 探索活動 | 海外研修「サイバスロンとアウシュビッツを巡りながら近代文明を考える旅」（ドイツ、ポーランド、スイス、ベルギー） | – | – | – | – |
| 12/10 | – | ABL | 実験 | ROCKETオープンセミナー in 京都 | – | ATAC | 京都 | 京都 |
| 12/18 | – | – | セミナー | 見学ツアー | – | – | 東京 | 目黒 |
| 12/18 | – | – | セミナー | 親向けオリエンテーション | – | – | 東京 | 目黒 |
| 12/18 | – | – | ミーティング | 自己紹介 | – | – | 東京 | 目黒 |
| 12/19 | – | – | セミナー | 先輩からの報告会 | – | – | 東京 | 目黒 |
| 12/19 | – | – | セミナー | オープニングセレモニー | – | – | 東京 | 目黒 |
| 12/19 | – | – | セミナー | ROCKET公開プログラム「好きなことで働く－ゲーム好きを活かそう！マインクラフトで文化再生プロジェクト」 | 千葉学 | – | 東京 | 目黒 |
| 12/20 | – | ABL | 探索活動 | Xを探せ！ | 中邑賢龍 | – | 東京 | 目黒 |

| 年 | 実施日 | 終了日 | 学び方 | 活動スタイル | タイトル | 講師 | 協力先 | 都道府県 | 市町村 |
|---|---|---|---|---|---|---|---|---|---|
| 2016 | 12/21 | – | ABL | 探索活動 | 解剖して食す（小麦） | 福本理恵 | KYODO HOUSE | 東京 | 目黒 |
| | 1/17 | 1/18 | – | 創作活動 | 自分を知るための心理学入門 －学びに自信を失った君たちに－ | 福本理恵 | – | 東京 | 目黒 |
| | 1/23 | 1/28 | ABL | フィールドワーク | 君は生物学者になれるか | 福本理恵 | – | 宮城 | 石巻 |
| 2017 | 2/1 | 2/24 | PBL | 創作活動 | PBL 炭 | 本郷孝雄 | 本郷林業 | 北海道 | 帯広 |
| | 2/13 | 2/14 | ABL | 実験 | 豊臣秀吉はコシヒカリを食べていたか | 三石晃生 | – | 香川 | 高三島 |
| | 2/14 | – | ABL | 創作活動 | 白い部屋を創る | 亀井美咲、六角美瑠 | – | 東京 | 目黒 |
| | 2/14 | 2/16 | ABL | 創作活動 | トップランナーから技を盗め① | 鈴木康広 | 彫刻の森美術館 | 東京 | 目黒 |
| | 2/15 | – | TRT | セミナー | 表現する | 平田オリザ | – | 東京 | 目黒 |
| | 2/16 | – | PBL | 実験 | PBL ワッフル「酸っぱいワッフルを作る！」 | 福本理恵 | – | 東京 | 目黒 |
| | 2/17 | – | – | 実習 | 文章の書き方入門編 | 平林ルミ | – | 東京 | 目黒 |
| | 2/17 | – | ABL | 実習 | 心を表現する | 中邑賢龍 | – | 東京 | 目黒 |
| | 3/5 | 3/7 | ABL | 実験 | 自分の知識をスーパーカミオカンデで試す | 山崎暦舟、久富隆佑 | – | 東京 | 目黒 |
| | 3/11 | – | – | セミナー | ROCKET全国説明会 in 東京 | – | – | 東京 | 目黒 |
| | 3/18 | – | – | セミナー | ROCKET全国説明会 in 名古屋 | – | – | 愛知 | 名古屋 |
| | 3/19 | – | – | セミナー | ROCKET全国説明会 in 京都 | – | – | 京都 | 京都 |
| | 3/20 | – | – | セミナー | ROCKET全国説明会 in 高松 | – | – | 香川 | 高松 |
| | 3/25 | – | – | セミナー | ROCKET全国説明会 in 福岡 | – | – | 福岡 | 福岡 |
| | 3/25 | – | – | セミナー | ROCKET保護者セミナー in 福岡 | – | – | 福岡 | 福岡 |
| | 4/8 | – | – | セミナー | ROCKET全国説明会 in 札幌 | – | – | 北海道 | 札幌 |
| | 4/9 | – | – | セミナー | ROCKET全国説明会 in 盛岡 | – | – | 岩手 | 盛岡 |
| | 4/9 | – | – | セミナー | ROCKET保護者セミナー in 盛岡 | – | – | 岩手 | 盛岡 |
| | 4/12 | 4/14 | ABL | 創作活動 | マイクラ① | 田口順子 | 森ビル | 東京 | 目黒 |
| | 4/22 | – | – | セミナー | ROCKET全国説明会 in 出雲 | – | – | 島根 | 出雲 |
| | 4/22 | – | – | セミナー | ROCKET保護者セミナー in 出雲 | – | – | 島根 | 出雲 |
| | 4/25 | – | TRT | セミナー | 動きを操る | 高梨智樹 | – | 東京 | 目黒 |
| | 4/25 | – | PBL | 実験 | PBL ワッフル「見えないものを操る」 | 福本理恵 | – | 東京 | 目黒 |
| | 4/25 | – | PBL | セミナー | PBL 炭プロジェクト 2月報告会 | 丸山拓人 | – | 東京 | 目黒 |
| | 4/26 | – | – | セミナー | 人のお金を操る | 西山浩平 | – | 東京 | 目黒 |
| | 4/26 | – | PBL | 創作活動 | PBL 塗装「はけを操る」 | 多湖弘明、六角美瑠 | – | 東京 | 目黒 |
| | 4/28 | – | ABL | セミナー | 人を操る | 中邑賢龍 | – | 東京 | 目黒 |
| | 5/7 | – | – | セミナー | ROCKET全国説明会 in 東京 | – | – | 東京 | 目黒 |
| | 5/9 | 5/11 | ABL | フィールドワーク | 豊臣秀吉のコメを探せ | 三石晃生 | – | 香川 | 高三島・本島 |
| | 5/12 | – | – | セミナー | ROCKET全国説明会 in 東京 | – | – | 東京 | 目黒 |
| | 5/21 | – | – | セミナー | ROCKET全国説明会 in 函館 | – | – | 北海道 | 函館 |

| 実施日 | 終了日 | 学び方 | 活動スタイル | タイトル | 講師 | 協力先 | 都道府県 | 市町村 |
|---|---|---|---|---|---|---|---|---|
| 5/31 | – | PBL | 実験 | PBL ワッフル「君はミネソタに行けるか！？」 | 福本理恵 | ルヴァン | 東京 | 目黒 |
| 5/31 | 6/1 | ABL | 創作活動 | トップランナーの技を盗め② | 鈴木康広 | 彫刻の森美術館 | 東京 | 目黒 |
| 6/1 | – | TRT | セミナー | ぼくがセロテープを買ってもらえなかった理由 | 神原秀夫 | – | 東京 | 目黒 |
| 6/2 | – | ABL | 探索活動 | 家事や掃除は君たちの生活に関係しているか？ | 丸山拓人 | – | 東京 | 目黒 |
| 6/2 | 6/3 | ABL | 創作活動 | ROCKET HOUSE 個展 | ライラ・カセム | – | 東京 | 目黒 |
| 6/2 | 6/3 | – | ミーティング | 子育てに悩みを抱えた保護者のための相談会 | 赤松裕美、吉本智子 | 先端研オープンキャンパス | 東京 | 目黒 |
| 6/2 | 6/3 | ABL | 実験 | ROCKETのABL体験 | 福本理恵 | 先端研オープンキャンパス | 東京 | 目黒 |
| 6/2 | 6/4 | – | ミーティング | 学習に悩みを抱えた保護者のための相談会 | 平林ルミ | 先端研オープンキャンパス | 東京 | 目黒 |
| 7/7 | – | ABL | フィールドワーク | マイクラ②（測量） | 小林貴子 | – | 東京 | 目黒 |
| 7/9 | 7/13 | PBL | 実習 | PBL 炭 | – | – | 北海道 | 帯広 |
| 7/11 | 7/14 | PBL | 探索活動 | PBL 旅「同心円上の旅」（東） | – | – | 和歌山 | 潮岬 |
| 7/11 | 7/14 | PBL | 探索活動 | PBL 旅「同心円上の旅」（西） | – | – | 和歌山 | 潮岬 |
| 8/23 | 8/24 | ABL | 実験 | ROCKET親子セミナー in 熊本 | – | – | 熊本 | 熊本 |
| 9/2 | – | – | セミナー | ユニークな子どもに対する多様な学び方の価値をデザインする | 中邑賢龍、長谷部健 | 渋谷区 | | |
| 9/24 | – | ABL | 創作活動 | トップランナーの技を盗め③ | 鈴木康広 | 彫刻の森美術館 | 東京 | 目黒 |
| 9/25 | – | TRT | セミナー | 渋谷区連携トップランナートーク「ストリートからのスタート」 | 武田双雲 | 渋谷区 | 東京 | 目黒 |
| 9/25 | – | – | ミーティング | 成果発表会2017 | – | – | 東京 | 目黒 |
| 9/26 | 9/27 | ABL | フィールドワーク | 中山道を歩く | – | – | 東京 | 目黒 |
| 9/26 | 9/28 | ABL | 探索活動 | ROCKET親子セミナー in 軽井沢 | – | – | 長野 | 軽井沢 |
| 9/28 | – | TRT | セミナー | 自分らしく歩く | 福島智 | – | 長野 | 軽井沢 |
| 10/15 | 10/22 | ST | 探索活動 | 海外研修「原材料・製品からエネルギー問題を考える旅」（インド） | – | グランマ | インド | デリー |
| 10/30 | – | ABL | 探索活動 | 古い椅子のレストアに挑戦、椅子職人の技を盗め | 大塚海平 | 渋谷区 | 東京 | 目黒 |
| 10/30 | – | ABL | 探索活動 | 昆虫食は食糧危機を救えるか？ | 福本理恵 | 渋谷区 | 東京 | 目黒 |
| 10/30 | – | ABL | セミナー | 福祉のためのプログラミング －OAKのすごさ－ | 巖淵守 | 渋谷区 | 東京 | 目黒 |
| 10/31 | – | – | 実習 | 自分の心を理解する | 中邑賢龍 | 渋谷区 | 東京 | 目黒 |
| 11/5 | 11/8 | PBL | 創作活動 | PBL 炭 | 本郷孝雄 | 本郷林業 | 北海道 | 帯広 |
| 11/27 | – | ABL | セミナー | 3Dプリンタの実力を知る | 松村礼央 | 渋谷区 | 東京 | 目黒 |
| 11/27 | – | ABL | 探索活動 | 君は毒キノコを見破れるか！？ | 山下光 | 渋谷区 | 東京 | 目黒 |
| 11/27 | – | ABL | セミナー | マイクラで文化財を創る | マイクラチーム | 渋谷区 | 東京 | 目黒 |
| 11/28 | – | – | 実習 | コミュニケーションを上手にしよう | 中邑賢龍 | 渋谷区 | 東京 | 目黒 |
| 12/12 | – | – | 実習 | 心プログラム | 中邑賢龍、髙橋麻衣子 | – | 東京 | 目黒 |

| 年 | 実施日 | 終了日 | 学び方 | 活動スタイル | タイトル | 講師 | 協力先 | 都道府県 | 市町村 |
|---|---|---|---|---|---|---|---|---|---|
| 2017 | 12/12 | – | – | ミーティング | オープニングセレモニー | – | – | 東京 | 目黒 |
| | 12/12 | – | TRT | セミナー | 無意識の世界：認知科学の視点から | 渡邊克巳 | – | 東京 | 目黒 |
| | 12/13 | – | – | ミーティング | オリエンテーション | – | – | 東京 | 目黒 |
| | 12/13 | – | – | セミナー | 苦手を忘れ、好きなことに専念するために | 中邑賢龍 | – | 東京 | 目黒 |
| | 12/13 | – | – | ミーティング | SIGミーティング | 中邑賢龍、福本理恵 | – | 東京 | 目黒 |
| | 12/14 | – | ABL | 探索活動 | 解剖して食す（昆布） | 福本理恵 | をぐら屋 | 東京 | 目黒 |
| | 12/15 | – | ABL | 探索活動 | 百貨店は百科事典 | 中邑賢龍 | – | 東京 | 目黒 |
| | 12/19 | – | ABL | 創作活動 | かみロボ研 プログラム | かみロボ研 | – | 東京 | 目黒 |
| | 12/19 | – | ABL | 探索活動 | ブラックボックスを開こう | 山崎歴舟ほか | – | 東京 | 目黒 |
| | 12/19 | – | ABL | セミナー | 世界のロボットオリンピックへの挑戦 | 鳥山樹、高牟禮匠 | – | 東京 | 目黒 |
| | 1/16 | – | – | ミーティング | ランチミーティング | – | – | 東京 | 目黒 |
| | 1/16 | – | – | セミナー | SIG人間科学「ユニークな人の話を聞こう」 | 大河内直之 | – | 東京 | 目黒 |
| 2018 | 1/16 | – | ABL | 探索活動 | 百貨店は百科事典（フィードバック） | 中邑賢龍 | – | 東京 | 目黒 |
| | 1/17 | – | – | 実習 | メールの書き方 | 髙橋麻衣子、平林ルミ | – | 東京 | 目黒 |
| | 1/17 | – | – | 実習 | 申請書の書き方 | 髙橋麻衣子、平林ルミ | – | 東京 | 目黒 |
| | 1/17 | – | ABL | ミーティング | 昆布ランチ | 福本理恵 | – | 東京 | 目黒 |
| | 1/17 | – | PBL | ミーティング | PBL グループミーティング | 中邑賢龍、福本理恵 | – | 東京 | 目黒 |
| | 1/17 | – | – | 実習 | アフタヌーンティー | 塩田佳子、福本理恵 | – | 東京 | 目黒 |
| | 1/18 | – | TRT | セミナー | イメージを表現する | 片岡輝 | – | 東京 | 目黒 |
| | 1/18 | – | – | セミナー | 大討論ランチ | 中邑賢龍、福本理恵 | – | 東京 | 目黒 |
| | 1/18 | – | – | セミナー | コミュニケーションの取り方 | 中邑賢龍、福本理恵 | – | 東京 | 目黒 |
| | 1/30 | – | – | 実習 | 自分に合った学び方で成績UP! | 平林ルミ | – | 東京 | 目黒 |
| | 2/5 | 2/9 | – | ミーティング | 陸の孤島に残る昔を探せ | 福本理恵 | – | 宮城 | 雄勝 |
| | 2/20 | 3/13 | PBL | 実習 | PBL 炭 | – | – | 北海道 | 帯広 |
| | 2/22 | 2/23 | ABL | 探索活動 | 氷で火を起こせるか | 中邑賢龍 | – | 北海道 | 帯広 |
| | 2/27 | – | TRT | セミナー | 1人でロボットを作る意味 | 髙橋智隆 | – | 東京 | 目黒 |
| | 2/27 | – | – | 実習 | レポートのフィードバック | 髙橋麻衣子 | – | 東京 | 目黒 |
| | 2/28 | – | ABL | 探索活動 | ビルの高さを測れ | 中邑賢龍、福本理恵 | – | 東京 | 目黒 |
| | 2/28 | – | – | ミーティング | フィードバック | 中邑賢龍 | – | 東京 | 目黒 |
| | 3/1 | – | PBL | ミーティング | PBL グループミーティング | – | – | 東京 | 目黒 |
| | 3/1 | 3/3 | ABL | 創作活動 | カップをかっこよく見せる！① | 神原秀夫 | 黒羽政士、山下貴久、キセキミチコ | 東京 | 目黒 |
| | 3/1 | – | ABL | 探索活動 | 図書館で探せ | 宝来貴子 | 東大駒場図書館 | 東京 | 目黒 |
| | 3/1 | – | – | 実習 | アフタヌーンティー | 福本理恵 | – | 東京 | 目黒 |

| 実施日 | 終了日 | 学び方 | 活動スタイル | タイトル | 講師 | 協力先 | 都道府県 | 市町村 |
|---|---|---|---|---|---|---|---|---|
| 3/2 | – | – | セミナー | ディレクターズトーク | 中邑賢龍 | – | 東京 | 目黒 |
| 3/2 | – | TRT | セミナー | なぜニューヨークでピアノを弾いているか －私を変えた3つの出来事－ | 西川悟平 | 日本財団 | 東京 | 港 |
| 3/11 | 3/13 | ABL | フィールドワーク | 雪の降る街に熱帯魚はいるか | 中邑賢龍 | – | 大分 | 別府 |
| 3/18 | – | – | セミナー | ROCKET全国説明会 in 館林 | – | – | 群馬 | 館林 |
| 3/29 | – | – | セミナー | ROCKET全国説明会 in 大分 | – | – | 大分 | 大分 |
| 3/31 | – | – | セミナー | ROCKET全国説明会 in 鳥栖 | – | – | 佐賀 | 鳥栖 |
| 4/6 | – | – | セミナー | ROCKET全国説明会 in 札幌 | – | – | 北海道 | 札幌 |
| 4/6 | – | – | セミナー | ROCKET全国説明会 in 小樽 | – | – | 北海道 | 小樽 |
| 4/7 | – | – | セミナー | ROCKET全国説明会 in 鳥栖 | – | – | 佐賀 | 鳥栖 |
| 4/8 | – | – | セミナー | ROCKET全国説明会 in 松山 | – | – | 愛媛 | 松山 |
| 4/14 | – | – | セミナー | ROCKET全国説明会 in 東京 | – | – | 東京 | 目黒 |
| 4/14 | 4/16 | PBL | 実習 | PBL 車のレストア | 大竹常雄、堀井剛 | 片岡輝、ギャラリーバーン | 栃木 | 那須 |
| 4/15 | – | – | セミナー | ROCKET全国説明会 in 名古屋 | – | – | 愛知 | 名古屋 |
| 4/17 | – | – | セミナー | ディレクターズトーク | 中邑賢龍 | – | 東京 | 目黒 |
| 4/17 | – | – | 実習 | アフタヌーンティー | 福本理恵 | 森ビル | 東京 | 目黒 |
| 4/18 | – | ABL | 探索活動 | ビルの高さを測れ・リサーチ | – | 森ビル | 東京 | 目黒 |
| 4/18 | – | PBL | ミーティング | PBL グループミーティング | 福本理恵 | 森ビル | 東京 | 目黒 |
| 4/19 | – | ABL | ミーティング | ビルの高さを測れ・ミーティング | – | 森ビル | 東京 | 目黒 |
| 4/20 | – | ABL | 探索活動 | ビルの高さを測れ・実測 | – | 森ビル | 東京 | 目黒 |
| 4/20 | – | ABL | ミーティング | ビルの高さを測れ・フィードバック | 中邑賢龍 | 森ビル | 東京 | 目黒 |
| 4/24 | – | PBL | フィールドワーク | PBL 自主ガーデンプロジェクト | 福本理恵 | – | 東京 | 目黒 |
| 4/29 | – | – | セミナー | ROCKET全国説明会 in 広島 | – | – | 広島 | 広島 |
| 4/30 | – | – | セミナー | ROCKET全国説明会 in 山口 | – | – | 山口 | 山口 |
| 5/8 | 5/10 | ABL | 実習 | 未来のガーデンプロジェクト | 松村礼央 | – | 東京 | 目黒 |
| 5/11 | – | – | セミナー | ROCKET全国説明会 in 東京 | – | – | 東京 | 目黒 |
| 5/12 | – | – | セミナー | ROCKET全国説明会 in 函館 | – | – | 北海道 | 函館 |
| 5/13 | – | – | セミナー | ROCKET全国説明会 in 青森 | – | – | 青森 | 青森 |
| 5/19 | 5/26 | PBL | 実習 | PBL 昆布「最高のおぼろ昆布を作れ」 | 三田智則 | をぐら屋 | 大阪 | 堺 |
| 5/25 | – | – | セミナー | ROCKET全国説明会 in 大阪 | – | – | 大阪 | 大阪 |
| 5/26 | – | – | セミナー | ROCKET全国説明会 in 奈良 | – | – | 奈良 | 奈良 |
| 5/27 | – | – | セミナー | ROCKET全国説明会 in 東京 | – | – | 東京 | 目黒 |
| 5/27 | – | – | セミナー | 南極に広がる未知の世界をのぞいてみよう | – | 防衛省、nicotan college | 東京 | 目黒 |

| 実施日 | 終了日 | 学び方 | 活動スタイル | タイトル | 講師 | 協力先 | 都道府県 | 市町村 |
|---|---|---|---|---|---|---|---|---|
| 6/4 | 6/5 | PBL | フィールドワーク | PBL 自主ガーデンプロジェクト | 福本理恵 | – | 東京 | 目黒 |
| 6/6 | – | TRT | セミナー | 食べることで感じること | 土井善晴 | – | 東京 | 目黒 |
| 6/6 | – | – | ミーティング | 吉野源三郎の「君たちはどう生きるか」大討論会 | 中邑賢龍、福本理恵 | 片岡輝 | 東京 | 目黒 |
| 6/7 | – | – | 実習 | 金子優さん（事業計画の立て方）エキスパートレクチャー | 金子優 | – | 東京 | 目黒 |
| 6/7 | – | TRT | セミナー | 日本のかっこよさとは！ | サカクラカツミ | – | 東京 | 目黒 |
| 6/7 | – | PBL | ミーティング | PBL グループミーティング | 福本理恵 | – | 東京 | 目黒 |
| 6/8 | 6/9 | ABL | 創作活動 | カップをかっこよく見せる！② | 神原秀夫、ライラ・カセム | 黒羽政士、山下貴久、キセキミチコ | 東京 | 目黒 |
| 6/8 | – | – | ミーティング | 子育てに悩みを抱えた保護者のための相談会 | 赤松裕美、吉本智子 | – | 東京 | 目黒 |
| 6/8 | – | – | ミーティング | 保護者のための相談会「お薬との上手な付き合い方」 | 小澤いぶき | – | 東京 | 目黒 |
| 6/8 | 6/9 | ABL | 実験 | ROCKETのABL体験（サイエンス教室） | 福本理恵 | – | 東京 | 目黒 |
| 6/8 | 6/9 | – | ミーティング | 学習に悩みを抱えた保護者のための相談会 | 髙橋麻衣子、平林ルミ | – | 東京 | 目黒 |
| 6/8 | – | ABL | ミーティング | マイクラ発表会 | 中邑賢龍、福本理恵 | – | 東京 | 目黒 |
| 6/8 | – | – | – | 風洞コンサート | – | 音楽のちから ほか | 東京 | 目黒 |
| 6/9 | – | – | セミナー | 子育てに悩みを抱えた保護者のための相談会 | 杉山美沙子 | 次世代SMILE協会 | 東京 | 目黒 |
| 6/11 | 6/16 | PBL | 探索活動 | PBL 旅「新幹線で最果てを目指せ」 | 中邑賢龍、福本理恵 | 音楽のちから ほか | 北海道 | 根室 |
| 6/16 | 6/19 | PBL | 実習 | PBL 昆布 | – | 昆布漁師土岐さん | 北海道 | 根室 |
| 6/24 | 7/1 | PBL | 実習 | PBL 炭 | 本郷孝雄 | 本郷林業 | 北海道 | 帯広 |
| 6/27 | – | – | 実習 | 渋谷区連携「タブレットPCで読み書き計算を楽に楽しく1」 | 平林ルミ | 渋谷区 | 東京 | 渋谷 |
| 7/10 | 7/13 | PBL | 実習 | PBL 車のレストア | 鹿野豊、杉山太香典 | – | 東京 | 目黒 |
| 7/12 | – | – | 実習 | 渋谷区連携心とCOM・自己理解① | 中邑賢龍 | 渋谷区 | 東京 | 渋谷 |
| 7/17 | 7/21 | PBL | 実習 | PBL 炭 | 本郷孝雄 | 館林市 | 北海道 | 帯広 |
| 7/31 | – | ABL | 実験 | 館林市連携①「解剖して食す（小麦）」 | 福本理恵 | 館林市、日清製粉ミュージアム | 群馬 | 館林 |
| 7/31 | – | – | ミーティング | 館林市連携① 保護者相談会 | 福本理恵 | 館林市、日清製粉ミュージアム | 群馬 | 館林 |
| 8/1 | – | TRT | セミナー | 館林市連携「ひとりでロボットを作る意味ひとりでロボットを作る意味」 | 髙橋智隆 | 館林市 | 群馬 | 館林 |
| 8/6 | – | – | セミナー | 日伊渡航100周年フェラリンプロジェクト | ジョルジョ・ボナート | Office with Triangle | 東京 | 立川 |
| 8/22 | 8/25 | ABL | 探索活動 | 君は釘を作れるか！－物性の神秘に迫る－ | 松田次泰、村井信二、渡邊玄 | 明珍本舗 | 千葉 | 市原 |
| 9/5 | – | – | 実習 | 渋谷区連携「タブレットPCで読み書き計算を楽に楽しく2」 | 平林ルミ | 渋谷区 | 東京 | 渋谷 |
| 9/5 | – | – | 実習 | 渋谷区連携「タブレットPCで読み書き計算を楽に楽しく3」らくらく作文講座 | 平林ルミ | 渋谷区 | 東京 | 渋谷 |
| 9/22 | 9/25 | PBL | 実習 | PBL 車のレストア | 鹿野豊、杉山太香典 | – | 福島 | 白河 |
| 9/22 | 9/25 | PBL | 実習 | PBL 車のレストア | 鹿野豊、杉山太香典 | – | 福島 | 白河 |

| 実施日 | 終了日 | 学び方 | 活動スタイル | タイトル | 講師 | 協力先 | 都道府県 | 市町村 |
|---|---|---|---|---|---|---|---|---|
| 9/26 | – | TRT | セミナー | 道無き道の歩き方 ～「常識」に縛られるバカと付き合うな | 西野亮廣 | – | 東京 | 目黒 |
| 9/26 | – | – | セミナー | ディレクターズトーク | 中邑賢龍 | – | 東京 | 目黒 |
| 9/26 | – | ABL | セミナー | ビルの高さを測れ | 髙橋麻衣子、中村正宏 | – | 東京 | 港 |
| 9/27 | – | – | ミーティング | 成果発表会2018 | – | – | 東京 | 目黒 |
| 9/27 | – | PBL | 実習 | PBL 車「レストアミニがやってくる！」 | 堀井剛 | ギャラリーバーン | 東京 | 目黒 |
| 9/27 | – | – | ミーティング | 懇親会 | – | – | 東京 | 目黒 |
| 9/28 | – | – | セミナー | 映画鑑賞「Most Likely to Succeed」 | 竹村詠美 | – | 東京 | 目黒 |
| 9/28 | – | – | ミーティング | 教育交論 | 中邑賢龍、福本理恵 | – | 東京 | 目黒 |
| 9/30 | – | – | コンペ | ビジネスコンペ | 金子優 | – | 東京 | 目黒 |
| 10/3 | 10/4 | ABL | 混合 | 経産省未来の教室実証事業①「軽井沢の森の神秘を科学する」 | – | 軽井沢町、キャリアリンク | 長野 | 軽井沢 |
| 10/3 | 10/4 | ABL | 探索活動 | 経産省未来の教室実証事業①「軽井沢の森の神秘を科学する」全ての科学はセンサーからスタートする | 中邑賢龍 | 軽井沢町 | 長野 | 軽井沢 |
| 10/3 | 10/4 | ABL | 実習 | 経産省未来の教室実証事業①「軽井沢の森の神秘を科学する」センサーでわずかな動きを捉えることができるのか！？ | 巖淵守 | 軽井沢町 | 長野 | 軽井沢 |
| 10/3 | 10/4 | ABL | フィールドワーク | 経産省未来の教室実証事業①「軽井沢の森の神秘を科学する」ムササビはいつ空を飛ぶ？飛行をウォッチできるか？ | 大塚敏之 | 軽井沢町、ピッキオ | 長野 | 軽井沢 |
| 10/3 | 10/4 | ABL | 実験 | 経産省未来の教室実証事業①「軽井沢の森の神秘を科学する」秋の味覚、どんぐりは食べられるか！？ | 福本理恵 | 軽井沢町、ライジング・フィールド | 長野 | 軽井沢 |
| 10/3 | 10/4 | ABL | 実習 | 経産省未来の教室実証事業①「軽井沢の森の神秘を科学する」経験は科学を超えるか！？ 縄文の世界を解き明かせ！ | 会田進 | 軽井沢町、ライジング・フィールド | 長野 | 軽井沢 |
| 10/17 | 10/30 | ST | 探索活動 | 海外研修「世界の中心はどこか！？」（マレーシア、シンガポール、ドイツ、エストニア、アメリカ） | 中邑賢龍、福本理恵 | – | マレーシア | マラッカ |
| 10/17 | 10/30 | | 探索活動 | 海外研修（世界一周） | 中邑賢龍、福本理恵 | – | シンガポール | ジョホーバル |
| 10/17 | 10/30 | | 探索活動 | 海外研修（世界一周） | 福本理恵 | – | エストニア | タリン |
| 10/17 | 10/30 | | 探索活動 | 海外研修（世界一周） | 福本理恵 | – | ドイツ | フランクフルト |
| 10/17 | 10/30 | | 探索活動 | 海外研修（世界一周） | 中邑賢龍、福本理恵 | – | アメリカ | ニューヨーク |
| 10/17 | 10/30 | | 探索活動 | 海外研修（世界一周） | 中邑賢龍、福本理恵 | – | アメリカ | ワシントン |
| 10/31 | – | ABL | | 渋谷区連携①「百貨店は百科事典」 | 中邑賢龍、福本理恵 | 渋谷区 | 東京 | 渋谷 |
| 11/2 | – | – | – | 館林市連携②「解剖して食す（小麦）」 | 福本理恵 | 館林市、日清製粉ミュージアム | 群馬 | 館林 |
| 11/2 | – | ABL | ミーティング | 館林市連携②保護者相談会 | 福本理恵 | 館林市 | 群馬 | 館林 |
| 11/3 | – | – | セミナー | ジョンズホプキンス大学Center for Talented Youth（CTY） | 福本理恵 | – | 東京 | 目黒 |
| 11/7 | – | ABL | 探索活動 | 渋谷区連携①「百貨店は百科事典」 | 中邑賢龍、福本理恵 | 渋谷区 | 東京 | 渋谷 |

| 年 | 実施日 | 終了日 | 学び方 | 活動スタイル | タイトル | 講師 | 協力先 | 都道府県 | 市町村 |
|---|---|---|---|---|---|---|---|---|---|
| 2018 | 12/5 | – | – | ミーティング | オリエンテーション | – | – | 東京 | 目黒 |
| | 12/6 | – | – | ミーティング | プログラム紹介：過年度生報告 | – | – | 東京 | 目黒 |
| | 12/6 | – | ABL | 探索活動 | 解剖せず食す！ | 福本理恵 | – | 東京 | 目黒 |
| | 12/6 | – | – | ミーティング | 親向けオリエンテーション | 赤松裕美、吉本智子 | – | 東京 | 目黒 |
| | 12/6 | – | TRT | セミナー | バカの壁を崩せ！ | 養老孟司 | – | 東京 | 目黒 |
| | 12/6 | – | – | 実習 | 心をコントロールする | 中邑賢龍 | – | 東京 | 目黒 |
| | 12/25 | 12/27 | ABL | 混合 | 経産省未来の教室実証事業②「ロボットVS人間」 | | – | 広島 | 東広島 |
| | 12/25 | 12/27 | ABL | セミナー | 経産省未来の教室実証事業②「ロボットVS人間」<br>－東広島の酒の神秘を科学する－ | 中邑賢龍 | – | 広島 | 東広島 |
| | 12/25 | 12/27 | ABL | 探索活動 | 経産省未来の教室実証事業②「ロボットVS人間」<br>すべての科学はセンサーからスタートする | 中邑賢龍 | – | 広島 | 東広島 |
| | 12/25 | 12/27 | ABL | 実習 | 経産省未来の教室実証事業②「ロボットVS人間」<br>見えない力を感知できるか！？ | 宮地充宣 | 西條鶴醸造 | 広島 | 東広島 |
| | 12/25 | 12/27 | ABL | 実験 | 経産省未来の教室実証事業②「ロボットVS人間」水は水か！？ | 福本理恵、正木和夫、福田央 | 酒類総合研究所 | 広島 | 東広島 |
| | 12/25 | 12/27 | ABL | 実習 | 経産省未来の教室実証事業②「ロボットVS人間」<br>人間 VS ロボット 米研ぎの技術を競え！ | サタケ | サタケ | 広島 | 東広島 |
| | 12/25 | 12/27 | ABL | セミナー | 経産省未来の教室実証事業②「ロボットVS人間」<br>人を動かすデザインの仕方 | 神原秀夫 | – | 広島 | 東広島 |
| | 12/25 | 12/27 | ABL | セミナー | 経産省未来の教室実証事業②「ロボットVS人間」<br>酒の世界で人間とロボットは共存できるか！？ | 福本理恵 | – | 広島 | 東広島 |
| 2019 | 1/14 | 1/15 | – | 実習 | 個別プログラム「毛糸」 | 南典子 | 工房Te・Te | 福岡 | 糸島 |
| | 2/7 | – | ABL | 創作活動 | 館林市連携③「小麦を美しく魅せる」 | 福本理恵、古谷有海 | 館林市、日清製粉ミュージアム | 群馬 | 館林 |
| | 2/12 | 2/13 | ABL | 探索活動 | 経産省未来の教室実証事業③<br>「君はどれだけ知恵があるか～山手線のホームを並べよ」(作戦編) | 中邑賢龍 | – | 東京 | 目黒 |
| | 2/12 | 2/13 | ABL | 探索活動 | 経産省未来の教室実証事業③<br>「君はどれだけ知恵があるか～山手線のホームを並べよ」(実地編) | 福本理恵 | – | 東京 | 目黒 |
| | 2/13 | 2/15 | ABL | 探索活動 | 氷で火を起こせ | 中邑賢龍 | – | 北海道 | 帯広 |
| | 3/1 | 3/4 | PBL | 実習 | PBL 車のレストア<br>「車を自分の車にするには －世の中の仕組みを知る－」 | 中邑賢龍 | – | 栃木 | 那須塩原 |
| | 3/9 | – | – | セミナー | ROCKET全国説明会 in 東京 | – | – | 東京 | 目黒 |
| | 3/20 | – | – | セミナー | ROCKET全国説明会 in 熊本 | – | – | 熊本 | 阿蘇 |
| | 3/21 | – | – | セミナー | ROCKET全国説明会 in 宮崎 | – | – | 宮崎 | 宮崎 |

| 実施日 | 終了日 | 学び方 | 活動スタイル | タイトル | 講師 | 協力先 | 都道府県 | 市町村 |
|---|---|---|---|---|---|---|---|---|
| 3/25 | 3/29 | – | 創作活動 | どんぐりビエンナーレ | ライラ・カセム | – | 東京 | 目黒 |
| 3/30 | – | – | セミナー | ROCKET全国説明会 in 館林 | 鈴木康広 | – | 群馬 | 館林 |
| 3/30 | – | – | セミナー | ROCKET保護者セミナー in 館林 | 中邑賢龍 | – | 群馬 | 館林 |
| 3/30 | – | – | セミナー | ROCKET全国説明会 in 東京 | – | – | 東京 | 目黒 |
| 3/31 | – | – | セミナー | ROCKET全国説明会 in 神戸 | 高橋政代 | – | 兵庫 | 神戸 |
| 4/7 | – | – | セミナー | ROCKET全国説明会 in 旭川 | – | – | 北海道 | 旭川 |
| 4/13 | – | – | セミナー | ROCKET全国説明会 in 徳島 | – | – | 徳島 | 徳島 |
| 4/14 | – | – | セミナー | ROCKET全国説明会 in 高知 | – | – | 高知 | 高知 |
| 4/14 | – | – | セミナー | ROCKET全国説明会 in 仙台 | – | – | 宮城 | 仙台 |
| 4/16 | 4/19 | ABL | フィールドワーク | 50年前の暮らしを描く／食物連鎖は本当か | 福本理恵 | モリウミアス | 宮城 | 雄勝 |
| 4/27 |  | – | セミナー | ROCKET全国説明会 in 東京 | 福本理恵 | – | 東京 | 目黒 |
| 4/27 | – | – | セミナー | ユニークな子どもの育て方 | 杉山芙沙子 | – | 東京 | 目黒 |
| 4/27 | – | – | セミナー | ROCKET全国説明会 in 名古屋 | – | – | 愛知 | 名古屋 |
| 5/8 | 5/10 | ABL | 混合 | 南阿蘇連携「火山は知識の宝庫」 | 中邑賢龍、福本理恵 | – | 熊本 | 南阿蘇 |
| 5/8 | 5/10 | ABL | 探索活動 | 南阿蘇連携「火山は知識の宝庫」君のセンサーは火山を科学できるか | 中邑賢龍 | – | 熊本 | 南阿蘇 |
| 5/8 | 5/10 | ABL | フィールドワーク | 南阿蘇連携「火山は知識の宝庫」阿蘇の岩、石、砂、火山灰を探せ！ | 新村太郎 | – | 熊本 | 南阿蘇 |
| 5/8 | 5/10 | ABL | 実験 | 南阿蘇連携「火山は知識の宝庫」火山岩から砂や土は作れるか！？ | 中邑賢龍 | – | 熊本 | 南阿蘇 |
| 5/8 | 5/10 | ABL | 実習 | 南阿蘇連携「火山は知識の宝庫」<br>火山の仕組みでアートする 君はサンドブラスターをしっているか！？ | 中邑賢龍、井芹大悟 | – | 熊本 | 南阿蘇 |
| 5/8 | 5/10 | ABL | セミナー | 南阿蘇連携「火山は知識の宝庫」噴火とかんしゃくとおならを科学する<br>－アナロジーは仮説を立てる第一歩－ | 中邑賢龍 | – | 熊本 | 南阿蘇 |
| 5/16 | 5/17 | ABL | フィールドワーク | 養老先生と○○を探せ－君は森の中で生きる知恵があるか | 養老孟司、中邑賢龍 | – | 神奈川 | 小田原 |
| 5/18 | – | – | セミナー | ROCKET全国説明会 in 広島 | 福本理恵 | – | 広島 | 広島 |
| 5/21 | 5/24 | PBL | 実習 | PBL 車のレストア | 大塚海平 | – | 東京 | 目黒 |
| 5/31 | – | – | ミーティング | 学習に悩みを抱えた保護者のための相談会 | 平林ルミ、髙橋麻衣子 | – | 東京 | 目黒 |
| 5/31 | 6/1 | – | – | 2期生山下光のオリジナルドラマ「既に道」の上映会 | 山下光 | – | 東京 | 目黒 |
| 5/31 | 6/1 | ABL | 実験 | 小麦の達人になろう | 福本理恵 | – | 東京 | 目黒 |
| 6/1 | – | – | – | 先端研時計台コンサート | – | – | 東京 | 目黒 |
| 6/1 | – | – | セミナー | 親セミナー「子育てに悩みを抱えた保護者のための相談会」 | 杉山芙沙子 | – | 東京 | 目黒 |
| 6/6 | – | PBL | 実習 | PBL 車のレストア | 中邑賢龍 | – | 東京 | 目黒 |
| 6/13 | 6/16 | PBL | 実習 | PBL 湿板カメラ「坂本龍馬はどんなカメラでその姿を残したか！？」 | エバレット・ブラウン、<br>田村政実 | – | 東京 | 目黒 |
| 6/17 | 6/27 | PBL | 実習 | PBL 炭 | 本郷孝雄 | 本郷林業 | 北海道 | 帯広 |
| 6/25 | 6/26 | – | フィールドワーク | 中邑先生と昆虫を採る！ | 中邑賢龍 | – | 山口 | 長門 |

2019

| 実施日 | 終了日 | 学び方 | 活動スタイル | タイトル | 講師 | 協力先 | 都道府県 | 市町村 |
|---|---|---|---|---|---|---|---|---|
| 6/27 | – | ABL | フィールドワーク | 館林市連携①「沼にひそむ生き物の正体をあばく」 | 中邑賢龍 | 館林市 | 群馬 | 館林 |
| 7/2 | – | ABL | 実習 | 自分の心の動きを理解する－3つの時間の比較から－ | 藤田一照 | 茅山荘 | 神奈川県 | 逗子 |
| 7/8 | 7/10 | ABL | 創作活動 | 文学と歴史と灯 | 福本理恵 | 藤源寺 | 岩手県 | 一関 |
| 7/8 | 7/10 | ABL | 創作活動 | 炎、灯、光を科学する | 福本理恵 | 藤源寺 | 岩手県 | 一関 |
| 7/16 | – | – | – | 渋谷区スクランブルエデュケーション | 平林ルミ | 渋谷区 | 東京 | 渋谷 |
| 7/17 | 7/30 | – | 実習 | 渋谷区連携ICT小学生①－④ | 平林ルミ | 渋谷区 | 東京 | 渋谷 |
| 7/23 | 8/3 | PBL | 実習 | PBL 炭 | 本郷孝雄 | – | 北海道 | 帯広 |
| 7/24 | 7/25 | – | 実習 | 渋谷区連携ICT中学生①－④ | 平林ルミ | 渋谷区 | 東京 | 渋谷 |
| 7/25 | 7/26 | ABL | 探索活動 | 広島県連携①「調べろ！君は探偵になれるか」 | 福本理恵 | 広島県 | 広島 | 広島 |
| 8/30 | 8/31 | – | 実習 | 渋谷区連携ICT小学生①－④ | 平林ルミ | 渋谷区 | 東京 | 目黒 |
| 8/30 | 8/31 | – | 実習 | 渋谷区連携ICT中学生①－④ | 平林ルミ | 渋谷区 | 東京 | 渋谷 |
| 8/30 | 8/31 | ABL | 探索活動 | 渋谷区連携①「百貨店は百科事典」 | 中邑賢建、福本理恵 | 渋谷区、そごう・西武百貨店 | 東京 | 渋谷 |
| 8/4 | 8/6 | ABL | 実験 | 白馬「太陽の力を感じることができるか！？」 | 福本理恵 | 白馬インターナショナル | 長野 | 白馬 |
| 8/17 | 8/20 | ABL | 混合 | サマープログラム「学びを取り戻せ！」 | 中邑賢龍 | 音楽のちから | 東京 | 目黒 |
| 8/17 | 8/20 | – | ミーティング | サマープログラム「学びを取り戻せ！」オリエンテーション・自己紹介 | 中邑賢龍 | 東大EMPプログラム | 東京 | 目黒 |
| 8/17 | 8/20 | – | セミナー | サマープログラム「学びを取り戻せ！」先端研Lab見学 | 中邑賢龍 | 東大EMPプログラム | 東京 | 目黒 |
| 8/17 | 8/20 | – | ミーティング | サマープログラム「学びを取り戻せ！」懇親会 | 中邑賢龍 | 東大EMPプログラム | 東京 | 目黒 |
| 8/17 | 8/20 | ABL | 実習 | サマープログラム「学びを取り戻せ！」アクティビティを通じて知恵を知る：知恵を試すアクティビティ | 金澤真理 | 東大EMPプログラム | 東京 | – |
| 8/17 | 8/20 | ABL | フィールドワーク | サマープログラム「学びを取り戻せ！」社会活動家、湯浅誠さんと見る現代社会の影（フィールドワーク） | 湯浅誠 | 東大EMPプログラム | 東京 | 三谷 |
| 8/17 | 8/20 | TRT | セミナー | サマープログラム「学びを取り戻せ！」知の深さと繋がりを知る | 山田興一、久保文明、渡辺浩、難波成任 | 東大EMPプログラム | 東京 | 目黒 |
| 8/17 | 8/20 | TRT | 実習 | サマープログラム「学びを取り戻せ！」なぜ文学・音楽・芸術が科学に必要とされるか？ | 近藤薫 | 東大EMPプログラム | 東京 | 目黒 |
| 8/19 | 8/23 | ST | 探索活動 | PBL旅「はしからはしへ」 | 中邑賢龍 | – | 北海道 | 帯広 |
| 8/30 | 8/31 | ABL | セミナー | 広島県連携②「もみじ饅頭を解剖せよ！」たかが饅頭、されど饅頭 | 中邑賢龍 | 広島県 | 広島 | 広島 |
| 8/30 | 8/31 | ABL | 実験 | 広島県連携②「もみじ饅頭を解剖せよ！」饅頭に詰め込まれた知恵に学べ！ | 福本理恵 | 広島県 | 広島 | 広島 |
| 8/31 | – | TRT | セミナー | 館林市連携トップランナートーク「ドローンパイロットになったわけ」 | 髙梨智樹 | 館林市 | 群馬 | 館林 |
| 9/7 | – | ABL | 探索活動 | 君は物差しにどこまで近づけるか？ | 福本理恵 | SCHOP、TBS | 東京 | 渋谷 |
| 9/10 | – | ABL | 創作活動 | 自然の色は何色？ | マット・ピボウ | エディブル・スクールヤード・ジャパン | 東京 | 目黒 |

| | 実施日 | 終了日 | 学び方 | 活動スタイル | タイトル | 講師 | 協力先 | 都道府県 | 市町村 |
|---|---|---|---|---|---|---|---|---|---|
| | 9/13 | – | ABL | フィールドワーク | 館林市連携②「沼にひそむ生き物の正体をあばく」 | 中邑賢龍、若林匡久 | 館林市、日清製粉ミュージアム | 群馬 | 館林 |
| | 9/18 | 9/20 | PBL | 実習 | PBL 湿板カメラ「光が描き出す姿を撮る！」 | エバレット・ブラウン、田村政実 | 伝統芸能の方々 | 東京 | 目黒 |
| | 10/15 | 10/17 | – | フィールドワーク | 個別プログラム「宮古島」 | 中邑賢龍 | – | 沖縄 | 宮古島 |
| | 10/21 | 10/26 | ST | 探索活動 | 海外研修「すみからすみへ」（ネパール） | 中邑賢龍、福本理恵 | – | – | – |
| | 10/24 | 12/4 | – | 実習 | 渋谷区連携ICT小学生①－④ | 平林ルミ | 渋谷区 | 東京 | 渋谷 |
| | 10/29 | – | PBL | 実習 | PBL 車のレストア | 大塚海平 | – | 福島 | 白河 |
| | 10/30 | 12/11 | – | 実習 | 渋谷区連携ICT中学生①－④ | 平林ルミ | 渋谷区 | 東京 | 渋谷 |
| | 11/1 | – | – | フィールドワーク | 養老先生とトリュフを探す！ | 養老孟司 | – | 神奈川 | 小田原 |
| | 11/7 | 11/8 | ABL | 創作活動 | 富士山展①「日本一をどう表現するか」 | 施井泰平、鈴木康広 | スタートバーン | 東京 | 目黒 |
| | 11/11 | 11/30 | PBL | 実習 | PBL 炭 | 本郷孝雄 | 本郷林業、森の馬小屋 | 北海道 | 帯広 |
| | 11/27 | 11/28 | ABL | 探索活動 | 経産省スマートに生きる －物の流れを考えれば君は賢くなれる－ | 福本理恵 | 福山通運、広島経産省 | 広島 | 福山 |
| | 11/28 | – | ABL | 探索活動 | 渋谷区連携②「表参道をハカレ！」 | 髙橋麻衣子、平林ルミ | 渋谷区 | 東京 | 渋谷 |
| | 12/12 | – | ABL | 探索活動 | 館林市連携③「何が本当か？ －たぬきに化かされるな！」 | 古川正道 | 館林市 | 群馬 | 館林 |
| | 1/12 | – | – | ミーティング | 成果発表会2019 | 中邑賢龍、福本理恵 | – | 東京 | 目黒 |
| | 1/13 | – | – | セミナー | 5カ年の報告会「僕らは、今、昔の学びをやって、未来を考えた」 | 中邑賢龍、福本理恵 | – | 東京 | 目黒 |
| 2020 | 1/11 | 1/12 | ABL | 創作活動 | 富士山展②「日本一をどう表現するか」（内覧会） | 施井泰平、鈴木康広 | スタートバーン | 東京 | 目黒 |
| | 1/14 | 1/19 | ABL | 創作活動 | 富士山展③「日本一をどう表現するか」（展覧会） | 施井泰平、鈴木康広 | スタートバーン | 東京 | 目黒 |
| | 1/21 | – | TRT | セミナー | 渋谷区連携トップランナートーク「出会いこそ生きる力」 | サヘル・ローズ | 渋谷区、エクセリング | 東京 | 目黒 |
| | 2/5 | 2/27 | – | 実習 | ICTプログラム「タブレットを紙と鉛筆にして学ぼう | 平林ルミ | 渋谷区 | 東京 | 渋谷 |
| | 2/10 | – | ABL | セミナー | 渋谷区連携③「服を解剖する！－服から糸へ分解できるか－」 | 長谷川彰良 | 渋谷区、GAKU | 東京 | 渋谷 |
| | 2/14 | – | ABL | 実験 | 館林連携③「カルピスの色は何の色？」 | 福本理恵 | 館林市、アサヒ飲料 | 群馬 | 館林 |
| | 2/14 | – | – | セミナー | 館林連携「教員研修・保護者プログラム 」 | 髙梨智樹 | 館林市 | 群馬 | 館林 |
| | 2/16 | – | TRT | 実習 | 渋谷区連携トップランナートーク「100年前の感動を形にする －衣服 標本家のしごと－」 | 長谷川彰良 | 渋谷区、GAKU | 東京 | 目黒 |
| | 2/17 | 2/19 | ABL | 探索活動 | 氷で火を起こせ | 中邑賢龍 | – | 北海道 | 帯広 |
| | 2/20 | 3/4 | PBL | 実習 | PBL 炭 | 田中次郎、大塚海平 | 本郷林業、森の馬小屋 | 北海道 | 帯広 |
| | 2/20 | – | – | – | 西川悟平さんTBS取材同行 | – | – | 東京 | – |

【編者紹介】

東京大学先端科学技術研究センター 中邑研究室

特別支援教育や心理学を専門とする東京大学先端科学技術研究センター人間支援工学分野中邑賢龍教授の研究室。ICTを活用した学び支援研究、重度知的障害や重度重複障害のコミュニケーション支援研究、不登校やひきこもり状態になっている若者を支援する研究、教科書ではなく活動をベースにした学び研究、教師や親の子どもの能力の見立てに関する研究を行っている。これらの研究の成果を全国に展開している。

学校の枠をはずした

東京大学「異才発掘プロジェクト」の実験、
凸凹な子どもたちへの50のミッション

初版 第1刷発行　2021年4月30日
　　 第2刷発行　2021年7月30日

編者　東京大学先端科学技術研究センター 中邑研究室

発行所　株式会社どく社
〒540-0031 大阪府大阪市中央区北浜東1-29 5F
Tel/Fax 06-7777-4828
https://dokusha.jp　info@dokusha.jp

—

編集・制作
MUESUM　多田智美・永江大・鈴木瑠理子
どく社　末澤寧史

ブックデザイン
UMA/design farm　原田祐馬・岸木麻理子・西野亮介

写真撮影
志鎌康平［p.7*, 15*, 29*, 43*, 55*, 109*, 143, 157*, 170*］ ＊撮影場所：東京大学 駒場Ⅱキャンパス

印刷
大熊整美堂

 ISBN 978-4-910534-00-8 C0037


用紙　カバー：b7トラネクスト　菊判横目68.5kg／帯：OKアドニスラフ80　四六判横目73kg
表紙：UボードS　L判縦目25.5kg／見返し：シャイナー・しも鼠　四六判横目100kg
本文：b7バルキー　四六判横目73kg、OKハルクリーム　四六判横目76.5kg